BRUNO WALDVOGEL-FREI · DAS LÄCHELN DES DALAI LAMA

Bruno Waldvogel-Frei

Das Lächeln des Dalai Lama

… und was dahintersteckt

SCM R.Brockhaus

SCM

Stiftung Christliche Medien

Umschlag: www.provinzglueck.com
Satz: QuadroMedienService Bergisch Gladbach-Bensberg
Druck und Verarbeitung: CPI – Ebner & Spiegel, Ulm
ISBN: 978-3-417-26253-7
Bestell-Nr.: 226.253

INHALT

Vorwort

Dies ist nun die dritte revidierte und erweiterte Auflage eines Buches, das eigentlich nie ein Buch werden sollte. Es hat so manchen Wirbel ausgelöst, was verständlich und zugleich unverständlich ist.

Verständlich deswegen, weil noch immer ein großes Informationsdefizit besteht. Denn einerseits wird in unseren westlichen Medien ein Dalai-Lama-Bild zelebriert, das sich an der Grenze zum Kitsch bewegt. »Der Gott zum Anfassen« titelte zum Beispiel »Der Spiegel«.[1] Der Dalai Lama, Friedensnobelpreis- und Hoffnungsträger für Tibet – ein Mann, der dem mächtigen China zu widerstehen wagt und sich unermüdlich für die Menschenrechte einsetzt. Ein gern gesehener, bescheidener Gast in Deutschland, Österreich und in der Schweiz. Warum sollte man etwas gegen diesen ewig lächelnden »Gottkönig« haben wollen? Wohl doch nur aus Neid und Missgunst! Verständlich, dass ein Buch wie dieses Ablehnung oder gar Empörung auslöst. Doch was in den Klatschspalten und Journalen zu lesen ist, sind in der Regel Abhandlungen, die so wenig mit der Realität zu tun haben wie Karl May mit der wirklichen Geschichte der Indianer. Dies also die verständliche Seite, warum es so viel Widerstand gegen das gegeben hat, was Sie gerade lesen.

Unverständlich andererseits bleibt der Wirbel, weil es schon seit Jahrzehnten eine reichhaltige Fachliteratur gibt. Literatur, in der realistisch dargestellt wird, was im tibetischen Buddhismus wirklich Sache ist. Zugegeben – wer mit dieser nüchternen Perspektive konfrontiert wird, fällt im ersten Augenblick aus allen Wolken. Denn zwischen Propaganda und Realität klafft der berühmte »garstige Graben« weit auseinander. Der Dalai Lama und der von ihm vertretene tibetische Buddhismus sind anders als das bisschen Mitgefühl, Nirwana und Räucherstäbchen. Für viele Laien schockierend anders.

Es verwundert nicht, dass dieses Buch auf Widerstand und Polemik gestoßen ist – so nüchtern es die Dinge auch beim Namen nennt. Ich habe, wie bereits gesagt, Verständnis dafür. Denn – ich gestehe es ein – meine eigenen Recherchen haben mich selbst überrumpelt. Da tauchten Dinge auf, die ich nicht geahnt hatte. Aber fangen wir ganz vorne an. Was war der Auslöser für dieses Buch?

Blenden wir zurück. Meine Reise in die Welt der tibetischen Riten, Mandalas und Initiationen begann 2001. Als Abschluss einer Tibet-Ausstellung in Basel fand am 2. Dezember 2001 die offizielle Zerstörung des *Kalachakra-Mandalas* statt. Die Besucher hatten zuvor mehrere Tage lang die faszinierende Herstellung des aus Sand gestreuten geometrischen Bildes durch tibetische Mönche beobachten können.

Der Besuch des 14. Dalai Lama zur Eröffnung der Ausstellung war unbestrittener Höhepunkt in der Stadt am Rheinknie gewesen. »Seine Heiligkeit« wurde mit großer medialer Begeisterung im Basler Münster begrüßt. Das dort geplante Podiumsgespräch zwischen christlichen und buddhistischen Geistlichen mündete letztlich in eine philosophisch-religiöse Belehrung durch den prominenten Gast.

Der Beobachter erlebte allerdings einen merkwürdig gehetzten Dalai Lama. Nur flüchtig kommentierte er die Ausstellung und meinte, dass man bei gewissen Dingen halt doch besser wegsehen sollte. Das alles machte mich neugierig. Ich wollte wissen, worum es geht, und bohrte tiefer. Was ist der tibetische Buddhismus?

Zu meinem Erstaunen entdeckte ich, dass hinter den Kulissen seit Jahren eine breite, heftig geführte Debatte im Gange war. In München hatte es bei der Ankunft des Dalai Lama lautstarke Proteste gegeben. Wie war das möglich? Offensichtlich ging es in diesen emotional und kontrovers geführten Debatten um mehr als um *Sandmandalas* oder touristische Artikel aus Tibet.

In der Folge meiner Recherchen geriet ich – innerlich hin- und hergerissen – in ein komplexes religiöses Feld. Ich wurde neugierig:

Wie viel Wahrheit steckte in den unglaublichen »Enthüllungsbüchern« über den tibetischen Buddhismus? Die dort angeschnittenen Themen verfolgte ich in eigenständiger Recherche weiter.

Ich sage es noch einmal: ein Buch zu schreiben war zu keinem Zeitpunkt meine Absicht. Ich bin in erster Linie Theologe, nicht Tibetologe. Dass aus den Recherchen zuletzt doch ein Buch wurde, liegt daran, dass ich von verschiedensten Seiten ermutigt – ja, beinahe gedrängt – wurde, meine Einsichten als kritischen Beitrag zum interreligiösen Dialog verfügbar zu machen.

Schon ein Jahr darauf, im Oktober 2002, fand in Graz ein europaweit beachtetes *Kalachakra*-Ritual statt (zum *Kalachakra* siehe Kapitel »Das *Kalachakra*-Tantra«). »Kalachakra for Worldpeace« versprach einen entscheidenden Beitrag zur Verwirklichung menschlicher Friedenssehnsüchte. Tausende von Gästen aus dem In- und Ausland wohnten der Veranstaltung bei. Der Dalai Lama leitete die Zeremonie. Graz war ein Höhepunkt der buddhistischen Initiationen (Einführungsriten und Belehrungen) in Europa. Dieses Buch löste dann auch in Österreich einen ziemlichen Wirbel aus – doch dazu später.

Dem Drängen von Freunden, Bekannten und Buddhismus-Interessierten habe ich nun auch mit dieser dritten erweiterten Ausgabe nachgegeben. Ich hoffe, sie eröffnet in verständlicher Weise einen ersten Zugang zu einem religiösen System, das kompliziert, archaisch und manchmal von erschreckender Brutalität geprägt ist. Es ist keine leichte Lektüre und braucht an gewissen Stellen gute Nerven. Ich habe versucht, auf das Spektakuläre zu verzichten. Dennoch braucht es eine gewisse Deutlichkeit, müssen gewisse Dinge beim Namen genannt werden um verstehen oder fragen zu können.

Weiterhin hoffe ich auch, dass das Buch nicht polemisch oder respektlos geraten ist. Das Christentum musste lernen, sich mit dem eigenen Schatten auseinanderzusetzen. Heute stellen wir nüchtern fest, dass jede Religion ihre dunklen Seiten besitzt. Sie beim Namen zu nennen, ohne dabei den Respekt vor den Angehörigen dieser Religionen zu verlieren, ist eine Aufgabe, die sich meinem Buch stellt.

Für Buddhismus-Freunde wird es – das ist mir bewusst – dennoch ein Stein des Anstoßes bleiben. Immerhin hat es mitgeholfen, eine innerbuddhistische Diskussion auszulösen, die – allerdings abgeschirmt von der Öffentlichkeit – noch nicht abgeschlossen ist. In diesem Buch werde ich auch bewusst immer wieder einmal von einer christlichen Warte aus ethische und religiöse Anfragen stellen. Denn Dialog bedeutet auch, eigene Meinungen ins Gespräch zu bringen. »Das Gute behaltet«, hatte einmal der christliche Missionar und Apostel Paulus geschrieben. Ein Leitsatz, der Buddhisten durchaus vertraut sein sollte. Das wünsche ich allen Lesern dieses Buches.

Basel im Juli 2008,
Bruno Waldvogel-Frei

Der Tibetische Buddhismus – ein eigenständiges Phänomen

Der Buddhismus ist eine Trendreligion. Stichworte wie »Achtsamkeit« oder »Pazifismus« werden mit ihm assoziiert. Der 14. Dalai Lama gilt in unseren Breitengraden als die Personifikation dieser Eigenschaften. Der »einfache Mönch« aus dem Tibet fasziniert die Massen. Schweizer Städte wie Basel oder Zürich verweisen mit großem Stolz darauf, ihn als Gast bei sich gehabt zu haben.

Unermüdlich redet der Dalai Lama über gegenseitigen religiösen Respekt und die Befreiung Tibets. Das Lachen ist sein Markenzeichen. Tibet, der Inbegriff des verloren gegangenen Paradieses, zerstört durch das grausame kommunistische Regime Chinas – ein Bild, das wir verinnerlicht haben. Kein Wunder, dass sich Tibet-Ausstellungen als Publikumsmagnet erweisen. Offensichtlich werden hier westliche Sehnsüchte und Projektionen berührt.

Dazu hat die Hollywood-Maschinerie verschiedenste Produktionen geliefert, die etwas von dieser Faszination zu transportieren wissen. Denken wir nur an Filme wie »Little Buddha«, »Sieben Jahre in Tibet« oder »Kundun«. Der Mythos Tibet erhielt seit den 1990er-Jahren einen neuen Aufschwung. Sein Motor sind viele Prominente, die sich öffentlich zum Buddhismus bekennen. Und, um ehrlich zu sein: Ist es nicht auch etwas schick, mit dem Dalai Lama zusammen abgelichtet zu werden?

Zweifellos: die Tibeter hatten und haben es nicht einfach. Tibet war über Jahrhunderte hinweg eine archaische Gesellschaft, vergleichbar mit dem europäischen Mittelalter. Viele Tibeter flüchteten ins Exil. Zahleiche von ihnen in die Schweiz, meine eigene Heimat. Dabei wurden sie um ein paar Jahrhunderte nach vorne katapultiert. Als Folge davon leben sie in einer doppelten Spannung. Einerseits tragen sie ihr eigenes uraltes religiöses Erbe in eine Kultur hinein, die vom Christentum geprägt ist. Dabei treffen zwei

Kulturen aufeinander, die unterschiedlicher nicht sein könnten. Das schafft eine Identitätskrise. Andererseits kommt ihnen im Exil eine fast euphorische Buddhismus-Faszination entgegen, die vor allem von jenen intellektuellen Kreisen genährt wird, die sich enttäuscht vom Christentum abgewendet haben. Sie haben in fremden religiösen Systemen gesucht und sind im tibetischen Buddhismus fündig geworden. Und wie das bei Konvertiten häufig der Fall ist, werden die dunklen Seiten der neu gefundenen Religion gerne übersehen oder bewusst ausgeblendet.

Westliche Aktivisten arbeiten an einem Tibet-Bild, das es so nie gegeben hat. Eigentlich müssten die Tibeter selbstkritisch diesen Klischees entgegentreten. Das tun sie aber nicht oder nur sehr zögerlich. Verständlicherweise. Denn wer würde schon fremde Sympathien für die eigene Kultur verspielen wollen? Das geistlich-weltliche tibetische »Oberhaupt«, der 14. Dalai Lama, benutzt die Sympathien geschickt, um seine eigenen Ziele zu erreichen, die längst nicht nur in der Befreiung von Tibet bestehen. Oberhaupt mit Anführungszeichen geschrieben, weil diese Stellung innerhalb der tibetischen Religionskreise nicht unumstritten ist. Und erst recht nicht im Buddhismus generell.

Es lohnt sich daher, einen Blick auf die Besonderheiten des tibetischen Buddhismus zu richten. Als christlicher Theologe habe ich mich im Rahmen meines Studiums natürlich auch mit dem Buddhismus auseinandergesetzt. Aber Buddhismus ist nicht gleich Buddhismus – so banal das klingt, so wichtig ist diese Feststellung. Dahinter steckt eine lange und komplizierte Geschichte. Es gibt – grob gesagt – drei verschiedene Richtungen innerhalb dieser Religion.

Das Kleine Fahrzeug – *Hinayana* – vertritt eine Weltsicht, in der das Dasein hauptsächlich negativ bewertet wird. Durch Askese, Meditation und rechtes Handeln überwindet der Gläubige die Welt, indem er erkennt, dass die irdischen Phänomene wesenlos, vergänglich und leidvoll sind – Trugbilder letztlich. Der Mensch und seine Entleerung durch die Askese stehen hier im Zentrum.

Das Große Fahrzeug – *Mahayana* – erweitert die ursprüngliche Lehre durch später hinzugekommene Ideen. Der *Mahayana*-Buddhismus wertet die Welt positiver und sieht sie als eine Ausdrucksform des All-Geistes. Er rechnet damit, dass viele Wesen befähigt werden, nicht nur für sich selber, sondern auch für andere eine Erlösung zu schaffen, und zwar als *Bodhisattva*. Ein *Bodhisattva* ist ein noch nicht vollendeter Buddha, der auf seine Vollendung verzichtet, um den Menschen durch sein Wissen zu helfen. Darum spielen hier vermittelnde Mächte, Götter und Dämonen (letztlich alles Ausdrucksformen des Buddhas) eine wichtige Rolle. Historisch gesehen war das Große Fahrzeug der Durchbruch zur Weltmission. Denn von nun an konnte der Buddhismus verschiedenste religiöse Strömungen (auch Natur- und Dämonenreligionen) integrieren, indem er sie einfach umdeutete und zuletzt auflöste. Die Menschen konnten nun Buddhisten werden und zugleich weiterhin ihren eigenen alten Göttern huldigen. Denn was spielte es für das einfache Volk schon für eine Rolle, wer nun wem untergeordnet war oder zu welchem geistig-spirituellen Aspekt gezählt wurde? Hauptsache die alten Traditionen konnten fortbestehen. Da gewisse buddhistische Systeme ohnehin unendlich kompliziert und mühselig sind, feierten die alten Götter und Dämonen fröhliche Umstände.

Auch in der christlichen Missionsgeschichte sind derartige Phänomene bekannt. Typische Beispiele sind der Macumba- oder der Voodoo-Kult, die zwar oberflächlich durch das Christentum ersetzt wurden, unter der Oberfläche aber ihre Eigendynamik beibehalten haben. Zugunsten der Einverleibung lokaler Volksgruppen ins Christentum wurden deren magische Systeme nie wirklich überwunden – bestenfalls integriert oder uminterpretiert.

Und schließlich – das ist für unsere Betrachtung wichtig – bildet sich aus der Synthese von spätem *Mahayana* und magisch-erotischen Praktiken der sogenannte *Vajrayana*-Buddhismus – auch Diamant-Fahrzeug oder *Tantrayana* genannt. Genau hier ist der tibetische Buddhismus beheimatet, eine besondere und im Buddhismus generell sehr umstrittene Variante. Zaubersilben und Zaubergeräte spielen eine wichtige Rolle. Aber auch Sexualmagie und Alchemie sind bedeutsame Elemente.

Als der Buddhismus in das Gebiet Tibets vordringt, stößt er auf die Bön-Religion, eine uralte, archaische und zum Teil sehr grausame Dämonen-Religion. Wie überall gelingt es durch geschickte Integration (durch den ersten Buddhismus-Missionar Padmasambhava, buddh. »Rinpoche«), diese Bön-Religion zu absorbieren. Die furchtbaren Götter werden zu Vorstufen Buddhas erklärt und als Beschützer in das buddhistische Pantheon eingereiht. Aber unter der buddhistischen Oberfläche leben und wirken diese Götter und Riten weiter.

Tibet erlebt zwei buddhistische Missionierungswellen. Daraus entstehen verschiedene Sekten, die sich bis heute zum Teil erbittert bekämpfen. Dies sind zum einen die *Nyingmapa* oder »Rotmützen«-Mönche, die eine rote Mütze tragen und sich auch die »Schule der Alten« nennen. Daneben gibt es die Richtung der *Kagyüpa*, die durch die mündliche Überlieferung geprägt ist. Der Lehrer oder Meister spielt in dieser Überlieferungslinie die zentrale Rolle. Diese Linie wurde später in langwierigen Religionskriegen von den *Gelugpa*, den sogenannten »Gelbmützen« unterworfen. Dieser Richtung gehört der Dalai Lama an, der auch den *Kagyüpa* vorsteht.

I. Teil: Ein schneller Weg zur Erlösung: Der tantrische Buddhismus

Meine literarischen Recherchen für dieses Buch begann ich mit dem Titel »Der Schatten des Dalai Lama« von Victor und Victoria Trimondi. Das hat seinen guten Grund. Denn bis zum heutigen Tag ist mir kein Werk von dieser Gewichtigkeit (im doppelten Sinne) begegnet, das einen so umfassenden kritischen Brückenschlag zwischen Ost und West versucht hat. Sollte sich die Analyse der Trimondis als korrekt erweisen, wäre sie ein bedeutsamer Beitrag zum Dialog mit dem tibetischen Buddhismus. Was sind die Hauptaussagen der Autoren?

Das Kernthema im tantrischen Buddhismus

Gibt es so etwas wie ein Kernthema im tantrischen Buddhismus? Im Christentum geht es bekanntlich um die Erlösung von den Sünden, die Wiederherstellung der Beziehung zwischen Schöpfung und Schöpfer und um das ewige Leben in der persönlichen Gottesbeziehung. Welt und Schöpfung werden als etwas Positives gesehen, wenn auch durch die Sünde getrübt.

Der Buddhismus hegt eine tiefe Skepsis dem Leben gegenüber. Leben ist Leiden. Und demzufolge kann das Ziel der Spiritualität nur darin bestehen, so bald als möglich aus dem ewigen Kreislauf des Leidens erlöst zu werden und zu erlöschen. Dies geschieht in der Regel durch Meditation, Achtsamkeit, Mitleid und diszipliniertes Leben. Und diese »Erlösung« wird über unzählige Wiedergeburten Stufe um Stufe erarbeitet.

Im tantrischen Buddhismus, genauer der tibetischen Variante, gibt es auf dem Weg zur Erleuchtung allerdings einige Überraschungen. Der Tantrismus, den der Dalai Lama vertritt, verspricht einen schnelleren Weg, und zwar die Möglichkeit, Erleuchtung schon in diesem Leben zu gewinnen. Ein schneller buddhistischer Weg zum Glück? Man ahnt schon, dass hier wohl ungewöhnliche Wege warten. Und so ist es in der Tat:

> »Das Mysterium des tantrischen Buddhismus besteht in der Aufopferung des weiblichen Prinzips und in der Manipulation des Eros zur Erlangung universeller androzentrischer (d. h. männlicher) Macht.«[2]

Die Frauen in der Sicht des historischen Buddhas

Der Buddhismus ist bei Frauen sehr beliebt. Gerade in feministischen Kreisen wird immer wieder betont, welche ungeahnten Möglichkeiten hier auch den Frauen offenstünden. Immerhin gibt es ja auch weibliche Buddhas. Der tibetische Tantrismus hat etwas mit männlicher und weiblicher Sexualität zu tun. Es geht um das Rollenverständnis der Geschlechter. Und daraus hervorgehend wird die religiöse Bedeutung der Geschlechter abgeleitet. Welche Bedeutung hat die Frau im Buddhismus?

Zu meinem Erstaunen stellte ich fest, dass die Überlieferungen des historischen Buddhas nicht gerade schmeichelhaft über die Frauen reden. Im Gegenteil. Die Frauen sind erstens das »Tor« zur Wiedergeburt – geboren zu werden ist ja überhaupt nicht erstrebenswert. Und zweitens wecken Frauen im Mann Leidenschaften. Aber genau diese Leidenschaften sind das Hindernis, um zur Erleuchtung und letztlich zur Erlösung zu gelangen.

Die daraus resultierende Logik ist folgenschwer: Frauen und alles Weibliche sind etwas Minderwertiges und müssen überwunden werden!

Das ist der Hintergrund von Zitaten wie den folgenden:

> »Man plaudere eher mit Dämonen und Mördern mit gezücktem Schwert, berühre eher giftige Schlangen, selbst wenn ihr

Biss den Tod bewirkt, als dass man plaudere mit einem Weibe ganz allein.«[3]

»Besser wäre es, Einfältiger, wenn Dein Geschlecht in den Mund einer giftigen und schrecklichen Schlange eindränge, als dass es in eine Frau eindringt. Besser wäre es, Einfältiger, wenn Dein Geschlecht in einen Backofen eindränge, als dass es in eine Frau eindringt.«[4]

»Die Gefahr des Haies aber, ihr Mönche, ist eine Bezeichnung des Weibes.«[5]

Die unter einem Pseudonym schreibenden Victor und Victoria Trimondi stellen fest: »Im Vinaya Pitaka, dem großen Buch der Ordensregeln, das für alle Phasen des Buddhismus gültig ist, finden sich acht spezielle Vorschriften für Nonnen. Eine davon lautet, dass sie sich noch vor dem geringsten und jüngsten aller Mönche zu verbeugen haben. Dies gilt selbst für die ehrenwerte und bejahrte Vorsteherin eines angesehenen Klosters.«[6]

Der *Bodhisattva*, der die mitfühlende Seite des Buddhas zeigt und »dessen höchste Aufgabe es ist, allen leidenden Wesen zu helfen, unterstützt jetzt die Frau freigiebig und selbstlos dabei, sich von der drückenden Last ihres Geschlechts zu befreien. Wenn in einem weiblichen Wesen der Erleuchtungsgedanke erwacht und sie dem *Dharma* (der buddhistischen Lehre) folgt, kann sie so große Verdienste ansammeln, dass es ihr erlaubt ist, in ihrem nächsten Leben als Mann zu inkarnieren. Führt sie dann in männlicher Gestalt weiterhin eine makellose Existenz im Dienste der ›Lehre‹, dann erfährt sie das Glück, nach ›ihrem‹ zweiten Tode im Paradies des Buddha *mithaba* zu erwachen, das ausschließlich von Männern bevölkert ist.«[7]

Im Tibet scheint das mit den Frauen nicht anders zu sein. Das tibetische Wort für »Frau« bedeutet »niedrig Geborene«. Das Wort »Mann« hingegen heißt »Wesen von höherer Geburt«. Die Geburt eines Mädchens brachte in der alttibetischen Gesellschaft Unglück, Söhne versprachen Glück und Wohlstand. Da ja die Wiedergeburt ein Fluch ist, ist die Frau, die gebärt, logischerweise mit ein Grund zum Unglück.

Zwar hatten die Frauen große Freiheiten – zum Beispiel in der Beziehung zu Männern – allerdings nicht in den spirituellen Dingen.

Beim näheren Hinsehen sind nicht einmal die weiblichen Buddhas ihren männlichen »Kollegen« ebenbürtig. So klagt Yeshe Tshogyal, die gerne von Feministinnen zitiert wird:

> »Ich bin eine Frau – ich habe wenig Kraft, mich den Gefahren zu widersetzen. Aufgrund meiner niedrigen Geburt greift mich jeder an. [...] Weil ich eine Frau bin, ist es schwer, dem Dharma zu folgen. Es ist selbst schwer, am Leben zu bleiben.«[8]

Mir ist bewusst, dass die Frauenfrage auch im Christentum zu Kontroversen und kulturellen Kämpfen geführt hat. Aber dass der Buddhismus diese Problematik in seinen heiligen Schriften noch um ein Vielfaches verschärft und polemisiert, sollte spätestens hier Frauen hellhörig machen.

Der lamaistische Buddhismus ist Sexualmagie

Der »schnelle« Weg zur Erleuchtung im Tantrismus benötigt also besondere Mittel. Anders ist das Versprechen, schon in einem einzigen Leben noch vor dem Tod Erleuchtung zu erlangen, nicht möglich. Und offensichtlich stellt das Geschlecht des Praktizierenden je nachdem ein »Problem« dar.

Die »Lösung« im Tantrismus besteht im Einsetzen sexualmagischer Praktiken, welche ganz aus männlicher Perspektive betrachtet werden. Sexualmagie verspricht, beim sexuellen Verkehr magische

Energien freizusetzen. Die männliche Methode (*Upaya*) überwindet die weibliche Weisheit (*Prajna*). Wissen, Materie, Sinnlichkeit, Sprache, Licht – ja das gesamte Universum – erfährt der Yogi den tantrischen Texten nach als weiblich (ein »Yogi« ist jemand, der den tantrischen Buddhismus praktiziert). Die weibliche Kraft (*Shakti*) und die weibliche Weisheit (*Prajna*) gebären für ihn ununterbrochen die Realität; selbst transzendente Wirklichkeiten wie die »Leere« (*Shunyata*) sind weiblichen Geschlechts. Und hier wird auch die Wurzel allen Übels ausgemacht: Das Weibliche soll die Ursache der leidvollen Wiedergeburten sein. Deshalb muss es überwunden werden.

Um sich die feminine Urmacht des Alls anzueignen, hat der Yogi die entsprechenden spirituellen Methoden (*Upaya*) zu beherrschen. Sie haben zum Ziel, die weibliche Form in die männliche umzuwandeln mit der Absicht, Macht zu kumulieren. Kurzum: Das Weibliche wird vom Yogi absorbiert und manipuliert, um dann von ihm beherrscht zu werden. Damit das geschehen kann, braucht der Yogi die Hilfe von Frauen, mit denen er den Sexualakt vollziehen kann. In den tantrischen Texten auffallend häufig erwähnt werden die »erotischen« Bannsprüche, die den Yogi befähigen sollen, sich Frauen für seine sexualmagischen Rituale zu beschaffen. Den rituellen Sexualakt praktiziert er auch nach der Erleuchtung, denn da im Weibe der Schlüssel zur Macht liegt, festigt jeder liturgische Beischlaf seine Allmacht.[9]

Das »Zwei-in-Einem-Prinzip« des Yogis zielt jedoch nicht auf einen Zustand jenseits der Sexualität und des Eros hin. Der Tantra-Meister macht sich die männlich-weiblichen Sexualenergien bewusst zu Machtzwecken nutzbar und vernichtet sie nicht, selbst wenn sie nach der Initiation nur innerhalb seiner eigenen Person präsent sind. Sie wirken dort weiterhin als die beiden polaren Urkräfte, nur jetzt innerhalb des androgynen Yogi. Wenn er auch in seiner irdischen Gestalt als Mann vor uns steht, so herrscht der Yogi doch als Mann und als Frau, als Gott und als Göttin, als Vater und als Mutter zugleich. Und die Frau? Sie verschwindet aus dem tantrischen Szenario, nachdem ihr der Yogi die Gynergie (weibliche Energie) durch sexualmagische Techniken »geraubt« hat. Hat er erst einmal die erforderlichen Yogatechniken gemeistert, braucht er keine weibliche Partnerin mehr, denn der ganze Prozess wird jetzt in seinem eigenen Körper durchgeführt.

Die Sexualpartnerinnen im tantrischen Buddhismus

Sexuelle Energie als Weg zur schnellen Erleuchtung ... Der Moment der Ekstase als Auslöser magischer Energien ... Solche Gedanken sind nicht neu. Sie werden in den verschiedensten magischen Systemen (bis hin zum Satanismus) angewendet. Allerdings – und hier kommt das Besondere im Tantrismus – muss der Mann seinen Samenerguss verhindern. Und nicht nur das. Er muss sogar den »Samen« der Frau im Sexualakt »aufsaugen«. Es findet also kein gegenseitiger oder gleichwertiger Austausch sexueller Energien statt. Vielmehr begegnet uns hier eine Art »sexueller Vampirismus«.

Der religiöse Verdienst der Frau besteht darin, dass sie sich dem Mann zur Verfügung stellt. Dadurch gewinnt sie positives Karma und wird vielleicht im nächsten Leben als Mann geboren. Da der Tantrismus bekanntlich aus der Sicht des Mannes praktiziert wird, werden Frauen (sog. Weisheitsgefährtinnen oder *Mudras*) zur Auslösung und Aneignung der sexuellen Energien benötigt.

Es gibt drei Arten von »Weisheitsgefährtinnen«, mit denen der Yogi praktizieren kann. Dass dabei – möchte man sarkastisch sagen – nur schöne, junge und hingebungsvolle Frauen in Frage kommen, versteht sich von selbst. Wie das und was nun geschehen soll, hat mich zutiefst erschüttert.

Die Karma Mudra

Die *Karma Mudra* ist eine wirkliche Frau:

> »Sie ist weder zu groß noch zu klein, noch allzu schwarz oder allzu weiß, sondern dunkel wie ein Lotusblatt. Ihr Atem ist süß und ihr Schweiß hat einen angenehmen Geruch wie von Moschus. Ihre Vagina entlässt ununterbrochen einen Duft wie von verschiedenen Lotusarten oder süßem Aloeholz. Sie ist ruhig und bestimmt, angenehm im Sprechen und immer fröhlich ...«[10]

Das *Kalachakra*-Tantra empfiehlt für die Frauen eine Ausbildung in den raffinierten indischen Liebestechniken des *Kama Sutras*.[11]

Jugend ist eine weitere Anforderung, welche die *Mudra* zu erfüllen hat. Der Maha Siddha Saraha, ein bedeutender Lehrer des tibetischen Tantrismus im 8. Jahrhundert, unterscheidet fünf verschiedene Weisheitsgefährtinnen je nach dem Alter: Die achtjährige Jungfrau (*Kumari*); die zwölfjährige *Salika*; die sechzehnjährige *Siddha*, die schon monatliche Blutungen aufweist; die zwanzigjährige *Balika* und die fünfundzwanzigjährige *Bhadrakapalini*, die er als »gebranntes Fett der Weisheit«[12] bezeichnet.

Der Tantriker Lama Gedün Chöpel warnt ausdrücklich davor, dass bei den Kindern während des Sexualaktes Verletzungen auftreten könnten:

> »Mit Gewalt in ein junges Mädchen eindringen kann ernste Schmerzen hervorrufen und ihre Genitalien verwunden ... Wenn es nicht die Zeit ist und wenn der Geschlechtsverkehr für sie gefährlich ist, reibe dich zwischen ihren Schenkeln und es (der weibliche Same) wird herausfließen.«[13]

Walker erklärt dazu:

> »Beim Ritus der Jungfrau-Verehrung (Kumaripuja) wird ein Mädchen ausgesucht und auf die Initiation vorbereitet, ohne zu wissen, welches Schicksal sie erwartet. Man bringt sie zum Altar und verehrt sie nackt, bis schließlich ein Guru oder ein Schüler sie entjungfert.«[14]

Zu bevorzugen sind aus Gründen der Zahlenmystik zwölf- oder sechzehnjährige Mädchen. Nur dann, wenn solche nicht gefunden werden können, empfiehlt der Gründer der Gelbmützensekte (zu der auch der Dalai Lama gehört), Tsongkapa, den Gebrauch einer Zwanzigjährigen.

Mit Frauen über dieses Alter hinaus soll nicht praktiziert werden, denn sie sollen die okkulten Kräfte des Gurus absorbieren. Die Einundzwanzig- bis Dreißigjährigen bezeichnet ein berühmter tantrischer Kommentator als »Göttinnen des Zorns«. Die Einunddreißig- bis Achtunddreißigjährigen gelten als »Manifestationen bösartiger Geister« und die Neununddreißig- bis Sechsundvierzigjährigen als »unbegrenzte Manifestationen der Dämonen«. Sie heißen: Hundeschnauze, Saugfresse, Schakalfratze, Tigerrachen, Eulengesicht, Krähenhacker usw.[15]

Wie verschafft sich der Yogi eine menschliche *Mudra*? Sie kann ihm von seinem Schüler übergeben werden, und zwar aus dessen engstem familiären Umkreis:

> »Man sollte seine Schwester, Tochter oder Ehegattin dem Guru geben, denn je kostbarer die Mudra für den Schüler ist, umso mehr dient sie als Geschenk für seinen Meister.«[16]

Das *Kalachakra*-Tantra (dessen höchster Vertreter der Dalai Lama ist) fordert den Yogi sogar auf, die *Mudra* durch Rauschmittel gefügig zu machen. Und was ist danach?

> »Die Karma Mudra … hat eine rein pragmatische und instrumentale Bedeutung und ist am Ende überflüssig.«[17]

Nach dem Sexualakt ist sie »für den Tantriker nicht mehr wert, als die Schalen einer Erdnuss«.[18] Sie hat ihre Schuldigkeit getan, dem Yogi ihre weibliche Energie übertragen und verfällt nun der Geringschätzung, die der Buddhismus allen »normalen« Frauen als dem Symbol der »höchsten Illusion« (*Maha Maya*) entgegenbringt.

Paradox ist, dass von tibetischen Lamas (spirituellen Lehrern) gleichzeitig ein zölibatäres Leben gefordert wird.[19] Darum muss er seine sexuellen Praktiken geheim halten. Die *Mudras* werden vor ihrer Initiation an ein Schweigegelübde gebunden.[20] Wer zum Dalai Lama emporsteigen will, muss diesen Weg natürlich beschreiten. Denn nur durch diese Initiationen wird ein Lama zu einem Dalai Lama, der das ganze *Kalachakra*-Tantra versinnbildlicht und dessen oberster Meister ist.

Im Westen werden diese Fakten überspielt. Man behauptet, die Texte seien symbolisch und bildhaft zu verstehen, es gehe nicht um reale Frauen. Aber auch in der buddhistischen Praxis im Westen wird allmählich deutlich, dass eine *Mudra* eben doch aus Fleisch und Blut ist. Der Dalai Lama empört sich in der Öffentlichkeit über etwas, was ein Basiselement seines Religionssystems ist.

> »Selbstverständlich ist die Mudra, was die Relation zum Tantra-Meister anbelangt, durch strikte Eide an ein absolutes Schweigegebot gebunden. Durchbricht sie es, dann drohen ihr laut tantrischem Strafregister Schwierigkeiten, Wahnsinn, Tod und darüber hinaus jahrtausendelange Höllenstrafen.«[21]

»Sexueller Missbrauch westlicher Frauen durch tibetische Lamas ist mittlerweile zu einem Dauerthema in der buddhistischen Szene geworden und hat auch im Internet heftige Diskussionen ausgelöst.« […] »Was einige dieser Schülerinnen erfahren haben, ist schrecklich und höchst unglücklich!«, ließ Tenzin Tethon, ein Sekretär seiner Heiligkeit, verlauten, und er bekannte, dass man schon seit mehreren Jahren über solche Vorkommnisse unterrichtet sei. Selbstverständlich wird von Tenzin Tethon nicht erwähnt, dass die sexuelle Benutzung von Frauen für spirituelle Ziele das Kernstück des tantrischen Mysteriums ausmacht.«[22]

Der Dalai Lama, selbst der höchste Meister der sexualmagischen Riten, tadelt:

»In den letzten Jahren waren Lehrer aus Asien und dem Westen in Skandale verwickelt, die sexuelles Fehlverhalten gegenüber Schülern und Schülerinnen, Missbrauch von Alkohol und Drogen, Missbrauch von Geldern und Macht betrafen. Dieses Verhalten hat der buddhistischen Gemeinschaft und einzelnen Menschen großen Schaden zugefügt. Schüler und Schülerinnen sollten dazu ermutigt werden, Lehrer in angemessener Weise mit unethischen Aspekten ihres Verhaltens zu konfrontieren.«[23]

Wie das »angemessene« sexuelle Verhalten aussehen sollte, bleibt ungeklärt. Seitens der Schüler ist diese Korrektur allerdings schwierig bis unmöglich, denn einen Meister zu tadeln oder zu verurteilen, wird als »Wurzelvergehen« verurteilt.

Die Inana Mudra

Während des tantrischen Rituals muss die *Karma Mudra* vom Yogi als Illusion erkannt werden. Selbst der realen Frau gesteht er keine inhärente Wirklichkeit mehr zu. Wenn sie nach dem tantrischen Ritual, in dem sie zu einer Göttin erhöht wurde, für alle Augen sichtbar in leiblicher Gestalt nach Hause geht, gilt sie in den Augen des Gurus nicht mehr als ein eigenständiges Wesen, sondern als das alleinige Produkt seiner Imagination, als ein Bild seiner Vorstellung – auch wenn ein normaler Mensch das Mädchen als ein Wesen aus Fleisch und Blut wahrnimmt. Er vernichtet sozusagen das äußere Weibliche, um es zu verinnerlichen, um eine innere Frau als ein Teil seines Selbst herzustellen. »Er nimmt die Allmutter in sich auf«, heißt es im *Kalachakra*-Tantra.[24]

Dasselbe gilt auch für die *Inana Mudra*. Bei ihr handelt es sich in der Regel um eine »visualisierte« oder »geistige« Frau. Hier wird kein realer Geschlechtsverkehr vollzogen, sondern ein imaginärer. Die Partnerin wird bei dieser Meditation gedacht. Sie ist ein weibliches Gegenüber, kann sogar von einer real existierenden Frau inspiriert sein. Sie kann durchaus als magisch konstruierter Körper real erscheinen.

Die Kultverehrung der *Inana Mudra* hat gemäß der Trimondis viel Ähnlichkeit mit der christlichen Sophien- und Marienmystik (was nicht der Meinung des Autors entspricht). Auch diese weißen und feinstofflichen »Sophien« aus dem Reich der Imagination sind nicht vom rituellen Geschlechtsakt ausgeschlossen.[25]

Wie bei der realen *Karma Mudra* muss auch diese Form des Weiblichen vom Tantra-Meister als autonome Wesenheit transzendiert werden.

»Insgesamt unterscheiden die Tantras zwei ›Geburtsarten‹ imaginierter Partnerinnen: Erstens durch Zaubersprüche hervorgebrachte Frauen; zweitens die feldgeborenen Yoginis. In beiden Fällen handelt es sich um sogenannte weibliche Energiefelder oder weibliche Archetypen, die der Tantra-Meister dank seiner Einbildungskraft als ›Illusionskörper‹ für sich sichtbar machen kann.«[26]

Die Maha Mudra

Diese Frau – *Maha Mudra* – ist kein Gegenüber mehr. Sie ist die absorbierte »innere Frau« (die Große *Mudra*) und ebenfalls ein Produkt der Imagination. Der Yogi hat sie endgültig verinnerlicht und in Besitz genommen, um ihre Gynergie nutzen zu können. Man könnte nun meinen, dass sich der erleuchtete Yogi, da es für ihn keine äußeren Frauen mehr gibt, aller sinnlichen Genüsse entledigt hätte. Das Gegenteil ist jedoch der Fall. Seine Lust wurde nicht transformiert, sondern verewigt. Er ist maskulin und feminin zugleich, und beide Geschlechtsenergien stehen unter seiner absoluten Willenskontrolle.[27]

Ob bewegt oder unbewegt, ob erotisch oder vergeistigt – die *Maha Mudra* ist universal. In ihr inkarniert sich nach tantrischer Sicht das gesamte Universum. Folglich wird derjenige, der seine »innere Frau« beherrscht, zum Universalherrscher, zum *Pantokrator*. Sie ist ein Paradoxon, ewig und unzerstörbar, dennoch – wie der gesamte Kosmos – ohne Existenz aus sich selbst. Deswegen wird sie als »magischer Spiegel« bezeichnet. Anders als in C. G. Jungs Anima-Lehre geht es im Tantrismus aber nicht einfach um die Harmonisierung männlicher und weiblicher Teile innerhalb der eigenen Persönlichkeit. Es geht im Tantrismus um die Überwindung und Unterjochung des weiblichen Prinzips unter das männliche. Zugespitzt gesagt: Die Aufopferung der äußeren Frau ist die Voraussetzung für die Entstehung der inneren *Maha Mudra*.

Die Dakini

Vereinfacht ausgedrückt existieren im Tantrismus zwei Arten von Frauen. Der eine Typus ist von der hingebungsvollen Art der »Weisheitsgefährtin« – schön und gehorsam sowie bereit und einsichtig, den Weg zur Überwindung des Weiblichen zu gehen. Das ist die Wunschpartnerin jedes Yogi. Neben dieser »Heiligen« gibt es aber auch den bedrohlichen, negativen Aspekt des Weiblichen, sozusagen die »Hexe«, das Weibliche, das dem Erleuchtungsweg bösartig entgegensteht. In diese Kategorie gehören die *Dakinis*.

Dakinis sind niedrige weibliche Dämoninnen. Diese »Himmelswandlerinnen« gehören zur untersten Klasse der Teufelinnen. Sie saugen wie Vampire frisches Menschenblut, schicken Krankheiten zu Frauen, Männern und Kindern. Sie verspeisen rituell ihren

Monatsfluss, fressen nach der Geburt die ausgestoßene Gebärmutter, ernähren sich von Leichen usw. Sie offenbaren sich dem Tantriker entweder als Menschenfrauen, als Traumgestalten oder als Gespenster. Im *Bardozustand*, der Zeit zwischen Tod und Wiedergeburt, begegnen sie jedem Verstorbenen, um ihre Horrorszenarien aufzuführen. Die Tantras fordern auf dem Weg zur Erleuchtung die Unterwerfung dieser Gestalten. Gelingt dies dem Tantriker, wird er aus dem Rad des Lebens befreit und darf ins *Nirwana*. Wiederum ist auch hier das Weibliche das Böse in Person, das vom männlichen Prinzip unterworfen wird. Die *Dakinis* werden durch brutale Techniken zu gefügigen Geistern gemacht, die von nun an dem tibetischen Buddhisten zur Verfügung stehen. Allerdings ist nie sicher, wann sie sich gegen den Tantriker selbst richten – und das ist durchaus möglich. Auch der Dalai Lama lebt in dieser Angst, dass er die Geister, die er rief, nicht mehr los wird.[28]

Das tantrische Frauenopfer

Wer der tantrischen Logik folgt, kommt zur Einsicht, dass das Weibliche auf irgendeine Weise geopfert werden soll, denn es gilt als Ursache des Leidens und der Leidenschaft.

Opfer sind im Buddhismus nichts Außergewöhnliches. Wir stellen uns dabei üblicherweise Butterlämpchen, Weihrauch, Blumen, Früchte und kleine kuchenartige Nahrungsmittel vor – symbolische Opfergaben. Aber nicht nur Früchte, sondern auch Frauen werden symbolhaft geopfert.

Es gibt drei Arten von Opfern: 1. das äußere (Speisen, Weihrauch, Parfüm etc.) für den Guru. Im »*Mandalaopfer*« kann das gesamte Universum in Form eines Miniaturmodells dem Lehrer dargebracht werden, während der Schüler spricht: »Ich opfere Euch in ihrer Gänze alle Bestandteile des Alls, o edler, gütiger und heiliger Lama!«

Mit dem inneren Opfer schenkt der Schüler (*Sadhaka*) seinem Guru, meist durch einen symbolischen Akt, seine fünf Sinne, oder er bietet sich selbst als Person zum Opfer an. Was immer der Meister von ihm verlangt, soll geschehen – selbst wenn sich der *Sadhaka*, wie der tantrische Adept Naropa, das eigene Fleisch vom Leibe schneiden muss.

Hinter dem »geheimen Opfer« verbirgt sich das »geistige Opfer« einer *Dakini* an den Lama.[29] Solche symbolischen Opferungen von Göttinnen zählen geradezu zu den Stereotypen jeder tantrischen Zeremonie. Oft werden acht, manchmal 16 »Weisheitsmädchen«, manchmal unzählige während des heiligen und geheimsten Opfers übergeben.[30]

Die Aufopferung des Weiblichen ist im gesamten Buddhismus präsent. Die Frau per se ist die höchste und erste Ursache der Illusion (*Maya*), aber ebenso die Kraft, welche die Welt der Erscheinungen (*Samsara*) hervorbringt. Es ist das Grundanliegen jedes Buddhisten, diese täuschende *Samsara* zu überwinden.

Schon im *Hinayana*-Buddhismus galt die nackte Leiche einer verstorbenen Frau als das provokanteste und wirksamste Meditationsobjekt für einen Initianten, um sich aus dem Netz des *Samsara* zu befreien.[31]

Deswegen konnte derjenige, der sich in Versenkung über einen verwesenden weiblichen Körper beugte, noch in diesem Leben Erleuchtung erlangen. Um die Intensität der makabren Betrachtung zu steigern, war es in einigen indischen Mönchsorden üblich, die Leiche zu zerstückeln. Ohren, Hände, Füße und Brüste wurden abgetrennt und der verunstaltete Rumpf zum Objekt der Betrachtung gemacht.[32]

Der Tantriker erkennt einen Großteil der weiblichen Eigenschaften als äußerst machtvoll an. Er denkt deswegen gar nicht daran, sie als solche zu vernichten. Im Gegenteil, er möchte sich die Kräfte des Weiblichen aneignen. Das, was er in einem symbolhaften Akt zerstören will, ist allein die physische und psychische Trägerin der Gynergie – die reale Frau. Diese Vorstellung beruht auf dem archaischen Paradigma, dass die Energien eines Lebewesens auf den übergehen, der es getötet hat.[33]

In den Veden (Heilige Schriften des Hinduismus) hat diese allgemeine »Fresslogik« zu der Vorstellung geführt, dass sich die Götter von den Lebenssäften rituell geschlachteter Menschen ernähren, ebenso wie sich die Menschen die Körper der Tiere als Nahrung und Energie einverleiben. Deswegen rät eine kritisch-rationale Stelle aus den Upanisaden (Vedische Schriften, die philosophisches Wissen enthalten) von solchen Menschenopfern ab, da sie nicht der eigenen Erleuchtung, sondern nur den nach Blut hungrigen Überirdischen zugute kämen.[34]

In den tantrischen Texten sind zu diesem Punkt abstoßende Praktiken beschrieben. Der tantrische Yogi vereinigt sich mit der (realen oder imaginierten) Frau nicht nur im sexuellen Akt, sondern vor allem dadurch, dass er ihre heilige Gynergie, die magische Kraft der *Maya*, verspeist. Manchmal trinkt er deswegen auch das Menstruationsblut seiner Partnerin. Erst wenn das weibliche Blut auch durch seine Adern pulsiert, wird er ganz, ein Androgyn, ein Herrscher über beide Geschlechter. Um für sich die Gynergie zu gewinnen, muss der Yogi die Besitzerin der vitalen femininen Substanzen »töten« und sich diese dann »einverleiben«. Ein solcher Gewaltakt setzt nicht unbedingt die wirkliche Ermordung seiner *Mudra* voraus, sondern kann auch symbolisch zum Ausdruck kommen.

Ein realer ritueller Frauenmord ist aber nicht ausgeschlossen. Es kann einen nicht mehr erstaunen, wenn zuweilen in den Texten des *Vajrayana* Hinweise auftauchen, die offen und skrupellos die tatsächliche Tötung einer Frau fordern.[35] Auch im vorbuddhistischen, vedischen Indien galt ein Feuerritual als die häufigste Opferart. Den Göttern auf einem Flammenaltar dargebracht wurden Menschen, Tiere und Pflanzen. Mit solchen vedischen Praktiken setzten sich die frühen Buddhisten zunächst sehr kritisch auseinander und lehnten sie strikt ab, ganz im Gegensatz zum späteren *Vajrayana*, für den sie erneut zentrale Bedeutung gewinnen sollten.

Noch heute zählen Feuerpujas (*puja* bedeutet »Verehrung«) zu den häufigsten Ritualen des tantrischen Buddhismus. Fast jedes buddhistische Tantra kennt die symbolische Verbrennung von »Opfergöttinnen«.[36]

Ein Passus des *Candamaharosana*-Tantras fordert den Adepten unmissverständlich auf:

> »Bedrohe, bedrohe, töte, töte, schlachte, schlachte alle Dakinis!«[37]

Bei der symbolischen »Übergabe des Herzens« geht es nicht selten brutal zu. Eine tibetische Geschichte erzählt zum Beispiel, wie sich die Yogini Magcig bereit erklärte, ihre Brust – ob in der Imagination oder in Realität bleibt unklar – mit einem Messer aufschlitzen zu lassen. Dann nahm man ihr das Herz heraus, und während das Blut herabfloss, legte man es in eine Schädelschale. Nach dieser »Herzoperation« hatte sich Magcig selber in eine *Dakini* transformiert. So makaber die Geschichte einerseits ist, so zeigt sie andererseits, dass sich das tantrische Frauenopfer keineswegs gegen den Willen der geopferten Frau richten muss. Im Gegenteil – die Yogini gibt ihr Herz oft freiwillig, weil sie ihren Meister liebt.[38]

Der Yogi darf sich als Held (*Vira*) bezeichnen, weil er den Mut hatte und über die hohe Kunst verfügte, das destruktivste und niedrigste Wesen des Universums in sich selbst zu absorbieren, um es dadurch nicht nur unschädlich zu machen, sondern um es zum Heile aller Wesen in positive Energie umzuwandeln. Dieser »übermenschliche« Sieg über das »weibliche Desaster« hat bei den Tantrikern zu der Gewissheit geführt, das auch in allen sonstigen negativen Handlungen, Substanzen und Personen der Keim für einen radikalen Umschlag ins Positive verborgen ist. Das Unreine, das Böse und das Verbrechen sind deswegen der Urstoff, aus dem der Vajra-Meister das Reine, das Gute und Heilige herauszudestillieren sucht.[39]

Das Gesetz der Umkehrung

Wie in vielen magischen Systemen begegnet uns auch im Tantrismus die Methode der Umkehrung, die höchst problematische Konsequenzen haben kann. Worum geht es?

Der Tantriker beherrscht die Kunst, das Negative ins Positive umzupolen. Das, was üblicherweise tabu ist, dient ihm dazu, es ins Gegenteil zu verwandeln. Mönche, die sich im Normalfall einem strikten, puritanisch anmutenden Regelsystem unterwerfen, kultivieren ohne Grenzen solche »Tabuverletzungen«, wenn sie sich entschlossen haben, den »diamantenen Pfad« zu betreten. Übertreibungen und Extravaganzen zählen jetzt zu ihrem Lebensstil. Dazu sind sie nicht nur legitimiert, sondern geradezu verpflichtet, weil nach der tantrischen Doktrin das Böse nur durch das Böse, die Gier nur durch die Gier und das Gift nur durch Gift geheilt werden kann. Hier gibt es viele Ähnlichkeiten zur mittelalterlichen Alchemie. Das *Kalachakra*-Tantra fordert aus den gleichen Gründen seine Schüler zu folgenden Verbrechen auf: töten, lügen, stehlen, die Ehe brechen, Alkohol trinken, sexuell mit Mädchen aus den Unterklassen verkehren.[40] »Was den Narren bindet, befreit den Weisen!«, sagt ein tantrisches Sprichwort, und eine andere, noch drastischere Passage betont: »Die gleichen Handlungen, für die ein gewöhnlicher Sterblicher hundert Millionen Äonen in der Hölle brät, durch dieselben Taten erlangt ein eingeweihter Yogi Erleuchtung.«[41]

So wandert der Yogi guten Gewissens auf Wegen jenseits der herrschenden Moral.

> »Durch die gleichen schändlichen Handlungen, welche jedermann in die Hölle brächten, gewinnt derjenige, der die richtigen Mittel benutzt, Erlösung, darin besteht kein Zweifel. Alles Böse und alles Tugendhafte haben den Gedanken als ihre Basis.«[42]

Die dritte – etwas aufgesetzte, aber dennoch häufig anzutreffende – Legitimation für die »Übertretungen« des *Vajrayana* besteht im *Bodhisattva*-Gelübde des *Mahayana*-Buddhismus, das fordert, jedem Lebewesen so lange beizustehen und zu helfen, bis es Befreiung erlangt.

Dieser fromme Zweck kann erstaunlicherweise die übelsten Mittel heiligen. Im Laufe der tibetischen Geschichte hat das *Bodhisattva*-Gelübde zahlreiche politische und familiäre Morde legitimiert. Sie wurden gerechtfertigt mit dem »geistreichen« Argument, man habe die ermordeten Menschen von der Welt des Scheins (*Samsara*) »befreit«. Deshalb seien einem diese zu Dank verpflichtet.

Die vierte Begründung, die auch in anderen magischen Kulturen weit verbreitet war, kennen wir aus der Homöopathie. Sie lautet *similia similibus curantur* (Gleiches wird durch Gleiches kuriert). Bei diesem Heilverfahren arbeitet man gewöhnlich mit kleinen Mengen von Krankheitserregern, um Abwehrkräfte gegen die wirkliche Krankheit zu generieren. Gemäß dieser Logik können große Sünden durch mindergroße begangene und vom Yogi danach transformierte Sünden überwunden werden. Wobei es dann eben auch umgekehrt gehen kann: Der Yogi versucht, die Sünde zu potenzieren (d.h. große und größte Sünden zu begehen), um diese dann stellvertretend für alle kleineren Sünden zu transformieren, so dass sozusagen der Teufel mit Beelzebub ausgetrieben wird. Nach dem Motto: Wenn erst einmal das Schlimmste geschehen und überwunden ist, kann es nur noch besser werden …

Das fünfte und letzte Argument versucht uns davon zu überzeugen, dass die Erleuchtung per se aus der radikalen Umkehr ihres Gegenteils entsteht und es überhaupt keine andere Möglichkeit gebe, von den Fesseln des *Samsara* loszukommen.[43]

Inzest und alle unmöglichen Unreinheiten werden aufgrund dieses »Gesetzes der Umkehrung« durchgeführt. Das geht so weit, dass auch beim Essen alle Grenzen gebrochen werden: Elefantenfleisch,

Pferdefleisch, Hundefleisch, Kuhfleisch und Menschenfleisch. Letzteres trägt den Namen *maha mamsa*, das »große Fleisch«. Gewöhnlich stammt es von Toten und ist ein »Fleisch von denen, die aufgrund ihres eigenen Karmas starben, die in der Schlacht aufgrund ihres bösen Karmas oder aufgrund eigener Fehler getötet wurden«. So schreibt Pundarika in seinem traditionellen *Kalachakra*-Kommentar und fährt fort, dass es sinnvoll sei, »diese Substanzen in der Form von Pillen zu sich zu nehmen«.[44]

Es gibt Rezepte, die zwischen den verschiedenen menschlichen Körperteilen unterscheiden und den Genuss von Hirn, Leber, Lungen, Eingeweide, Hoden und so weiter für bestimmte Zeremonien fordern. Die fünf tabuisierten Fleischarten haben sakralen Charakter. In ihnen konzentrieren sich die Energien des höchsten Buddhas, welche durch das »Gesetz der Umkehrung« in Erscheinung treten können. Deswegen sprechen die Texte von den »fünf Ambrosias« oder »fünf Nektaren«.[45]

Diejenigen, »die Kot und Urin zu ihrer Nahrung machen, werden wahrlich glücklich sein«, verspricht das *Ghuyasamaja*-Tantra.[46] Im *Hevajra*-Tantra muss der Adept aus einer Schädelschale das Menstruationsblut seiner *Mudra* trinken. Am meisten wird natürlich für die Ausscheidung des höchsten Hierarchen, des Dalai Lama, geboten. Über den Aufenthalt des jungen Gottkönigs in Beijing (1954) liegt ein Bericht vor, der besagt, dass man den Kot seiner Heiligkeit täglich in einem goldenen Topf sammelte, um ihn anschließend nach Lhasa zu schicken und dort zu einem Medikament zu verarbeiten.[47]

Die Zwielichtsprache

Um all die anstößigen Dinge, welche die geforderten Tabuverletzungen mit sich bringen, vor der Öffentlichkeit zu verbergen, bedienen sich manche Tantratexte einer sogenannten »Zwielichtsprache« (*samdhyabhasa*). Sie hat die Aufgabe, Anspielungen auf tabuisierte Substanzen, verborgene Körperteile und unrechtmäßige Handlungen durch poetische Worte zu verschleiern, damit diese für Uneingeweihte nicht erkannt werden können.

Zum Beispiel sagt sie »Lotus« und meint »Vagina«, sie setzt den Begriff »Erleuchtungsbewusstsein« (*bodhicitta*) für »Sperma« oder das Wort »Sonne« (*surya*) für Menstruationsblut. Entsprechend dem magischen Weltbild des Tantrismus wird oft zwischen der gewählten »poetischen« Bezeichnung und ihrem Pendant in der »Realität« eine Gleichwertigkeit oder Interdependenz angenommen. Im Zwielicht solcher Metaphorik ist selbstverständlich alles möglich.

Da in den tantrischen Originaltexten, im Gegensatz zu ihren ausführlichen Kommentaren, die Tabuverstöße oft ohne Scheu beim Namen genannt werden, haben moderne Textexegeten den Spieß umgedreht. Zum Beispiel sieht der deutsche Lama Govinda in der unappetitlichen Horrorszene, die dort zur Sprache kommt, abschreckende Warnsignale gegenüber frechen Eindringlingen in die Mysterien. Damit keine Unberufenen das Paradies betreten, schildert man es als Schlachthaus. Diese unterstellte Umschreibung des Schönen durch das Grauen widerspricht aber dem Sinn des Tantras, dessen Absicht gerade darin zu suchen ist, das Niedrige in das Hohe zu verwandeln, und das einen deswegen bewusst mit den Abscheulichkeiten dieser Welt konfrontiert. Selbst berühmte Tibetologen wie Giuseppe Tucci und David Snellgrove gestanden ein, dass sie in ihren Übersetzungen auf die Wiedergabe gewisser Passagen wegen der dort geschilderten Horrorbilder einfach verzichtet hätten, obgleich sie damit die Regeln der Wissenschaft verletzten.[48]

Ritualmord

Es ist eine Tatsache, dass sämtliche Texte in der höchsten Stufe des Tantras verbal zum Mord aufrufen. Im indischen Kali-Kult geschieht das bis heute noch real.

Als ehrenwerte Handlung gilt im tibetischen Buddhismus auch, die Welt von Menschen zu »erlösen«, von denen ein Yogi weiß, dass sie in Zukunft gemeine Verbrechen begehen werden. So tötete Padmasambhava, der Gründer des tibetischen Buddhismus, in seiner Jugend einen Knaben, dessen kommende Schandtaten er vorausgesehen haben will. Im *Hevajar*-Tantra heißt es:

> »Nachdem Du Deine Absicht dem Guru und den vollendeten Wesen (Buddhas) kundgetan hast, führe den Tötungsritus an einer Person durch, die nicht an die Lehren Buddhas glaubt, sowie an den Verleumdern des Gurus und Buddhas. Man sollte eine solche Person in seiner Imagination hervorbringen, ihre Form mit dem Kopf nach unten visualisieren, wie sie Blut erbricht, zittert und mit zerzausten Haaren. Dann stelle man sich eine glühende Nadel vor, die in ihren Rücken eindringt. Wenn Du dann die Ursilbe des Feuerelementes in ihr Herz hineinimaginierst, wird sie im selben Augenblick getötet.«[49]

Entsprechende Sätze gibt es im *Kalachakra*-Tantra. Auch dort fordert man den Adepten auf, ein Wesen, das die buddhistische Lehre verletzt hat, zu ermorden. Der Text verlangt jedoch, dass dies mit Mitgefühl zu geschehen habe.[50] Die Vernichtung von Gegnern durch magische Mittel gehört zur Grundausbildung jedes tantrischen Adepten. Solche magischen Tötungspraktiken waren keinesfalls Randerscheinungen in der tibetischen Religionsgeschichte, sondern fanden Einlass in die große Politik der Dalai Lamas.[51]

Im Spektrum buddhistisch-tantrischer Tötungspraktiken stellt der bewusst inszenierte »Freitod« des »Siebenmal Geborenen« eine Spezialität dar. Wir haben hier einen siebenmal reinkarnierten Menschen vor uns, der außergewöhnlich hohe charakterliche Qualitäten aufweist. Der Genuss vom Fleisch einer solch wundervollen Person hat die größten magischen Auswirkungen. Deswegen soll der Tantriker einem »Siebenmal Geborenen« mit Blumen

Verehrung darbringen und ihn darum bitten, zum Wohle aller leidenden Wesen zu handeln. Daraufhin wird dieser – so heißt es in den einschlägigen Texten – ohne Zögern selbst sein Leben opfern. Anschließend sind aus seinem Fleisch Pillen anzufertigen, deren Verzehr unter anderem die *Siddhis* (Kräfte) des Luftwandelns verleihen. Solche Pillen sind in der Tat auch heute noch im Umlauf. Ganz besonders begehrt ist das Herzblut; auch der Schädel des getöteten Heiligen besitzt magische Kräfte.[52]

Westliche Interpreten versuchen diese anstößigen Texte zu symbolisieren. So sagen sie, unter »Menschenfleisch« sei das »eigene unvollkommene Selbst« zu verstehen. Dem widerspricht, dass das tantrische Ritualwesen nicht ohne Leichenteile auskommt und davon üppig Gebrauch macht. Die benutzten sakralen Objekte bestehen aus menschlichen Organen, aus Fleisch und aus Knochen. Im Normalfall wurden und werden diese wohl auf den öffentlichen Verbrennungsfriedhöfen Indiens oder den Leichenfeldern in Tibet gefunden und eingesammelt.[53]

Es gibt genügend Hinweise darauf, dass bis hinein in das letzte Jahrhundert Tibeter aus Ritualgründen ihr Leben lassen mussten. Schon die Blauen Annalen (14. Jahrhundert), ein Grundlagenwerk zur Geschichte des tibetischen Buddhismus, berichten darüber, wie in Tibet die sogenannten 18 Raubmönche Männer und Frauen für ihre tantrischen Zeremonien schlachteten.[54] Der Engländer Sir Charles Bell besuchte in den 1930er-Jahren an der buthanesisch-tibetischen Grenze einen *Stupa* (buddhistischer Tempel), in dem sich die rituell getöteten Körper eines achtjährigen Knaben und eines gleichaltrigen Mädchens befanden.[55] Aus den 50er-Jahren stammen Zeugnisse über Menschenopfer im Himalaja vom amerikanischen Anthropologen Robert Ekvall.[56]

Die morbiden Ritualgegenstände, die in dem von den Chinesen eingerichteten Tibetischen Revolutionsmuseum von Lhasa ausliegen, lassen einen das Grauen lernen: präparierte Schädel, mumifizierte Hände, Rosenkränze aus Menschenknochen, zehn Trompeten aus den Oberschenkelknochen 16-jähriger Mädchen usw.

Unter den Museumsstücken befindet sich auch ein Dokument mit dem Siegel des Dalai Lama (des 13. oder des 14.?), wo dieser die Abgabe von Menschenköpfen, von Blut, Fleisch, Fett, Eingeweiden und rechten Händen, ebenso wie die abgezogene Haut von Kindern, das Menstruationsblut einer Witwe und Steine, mit denen Menschenschädel eingeschlagen wurden, zur »Stärkung der Heiligen Ordnung« einfordert.[57]

Würden die Tantratexte nicht selbst derart makabre Requisiten erwähnen, käme wohl niemand auf die Idee, eine solche Demonstration religiöser Gewalt ernst zu nehmen. Dass die Chinesen mit ihren Anklagen gegen tantrische Exzesse gar nicht so falsch liegen, beweist ein Mordfall im Jahr 1997. Am 4. Februar 1997 fand man, nur wenige Meter von der Residenz des 14. Dalai Lama entfernt, die ermordeten Leichen des 70-jährigen Lamas Lobsang Gyatso, Leiter der buddhistisch-dialektischen Schule, und zwei seiner Schüler. Die Mörder hatten ihre Opfer mit zahlreichen Messerstichen niedergestochen. Man schnitt ihnen die Kehle durch und zog ihnen Teile der Haut vom Körper.[58] Alle Beobachter und Kommentatoren des Falles waren sich darüber einig, dass es sich hierbei um einen Ritualmord gehandelt hatte. Für die wirkliche Inszenierung einer Tötung während eines tantrischen Rituals spricht auf jeden Fall die höchste Anforderung, welche der Yogi an sich stellen muss, damit er das »real« begangene »Verbrechen« als eine Illusion entlarven kann. Letztendlich führt die Vorstellung, dass alles nur Schein sei und keine eigene Existenz habe, zu einer Gleichgültigkeit gegenüber der Frage, ob ein Mord real oder nur »allegorisch« ist.[59]

Die Exzesse des Tantrismus werden dadurch legitimiert, dass der Yogi in der Lage sei, durch seine spirituellen Techniken das Böse in das Gute zu verwandeln. Dieser maßlose Versuch lässt jedoch Zweifel daran aufkommen, ob der Adept tatsächlich solche Kraft besitzt, um den Verlockungen des »Teufels« zu widerstehen.

Das »Gesetz der Umkehrung« führt ja in der ersten Phase immer zu einer »Übereinstimmung mit dem Dämonischen« und sieht die Begegnung mit dem »Teufel« geradezu als eine Zulassungsprüfung für den Erleuchtungsweg. Keine andere Strömung innerhalb der Weltreligionen gesteht deswegen dem Dämon und seiner Gefolgschaft einen so hohen Rang ein wie der *Vajrayana*.[60]

Die Schutzgöttin des gegenwärtigen 14. Dalai Lama

Ist es möglich, dass der freundlich lächelnde Dalai Lama in derartigen geistigen Welten lebt, wie gerade gelesen? Ein Mensch, der für Frieden und Toleranz wirbt? Ja. Es ist möglich!

Die beschriebene morbide Gedankenwelt findet sich auch beim Dalai Lama. Was bewegt den »friedliebenden« obersten Tibeter dazu, sich ein wahnsinniges Weib mit dem Namen Palden Lhamo als primäre Schutzgottheit auszusuchen, das Tag und Nacht durch einen kochenden Blutsee reitet? Die Schreckensgöttin sitzt auf einem Sattel, der von ihr höchstpersönlich aus der Haut des eigenen Sohnes gefertigt worden ist. Sie ermordete diesen kaltblütig, weil er sich weigerte, den Weg seiner bekehrten Mutter zu teilen und Buddhist zu werden.

Warum – so müssen wir uns weiter fragen – erfährt der militante Kriegsgott Begtse seit Jahrhunderten in den tibetischen Klöstern aller Sekten eine hohe Verehrung?[61]

Götter und Dämonen

Neben den sexualmagischen Aspekten des Tantrismus gibt es im tibetischen Buddhismus einen weiteren wichtigen Unterschied zum »ursprünglichen« Buddhismus.

Die Verbreitung des tibetischen Buddhismus verlief auf zwei Wegen: über Krieg und über Assimilation. Konkret heißt das, dass die alten tibetischen Gottheiten »integriert« wurden. Das Ehepaar

Trimondi beschreibt am Beispiel des Guru Rinpoche (eines religiösen Pioniers Tibets) die Strategie:

> »Es war der spezifische Stil Guru Rinpoches, die von ihm besiegten Gegner niemals zu vernichten, sondern von ihnen eine dreifache Unterwerfungsgeste zu verlangen: 1. Die Dämonen mussten ihm symbolisch ihre Lebenskraft oder ihr ›Herzblut‹ darbringen, 2. sie hatten einen Treueeid zu schwören und mussten 3. die Verpflichtung aussprechen, anstatt wie bisher gegen, jetzt für die buddhistische Lehre zu kämpfen. Waren diese Bedingungen erfüllt, dann brauchten sie ihre aggressiven, blutrünstigen und extrem destruktiven Eigenschaften nicht abzulegen. Im Gegenteil, sie wurden von ihrem mörderischen Kampfgeist und ihrer schaudererregenden Hässlichkeit nicht befreit, sondern der tantrische Buddhismus bediente sich ihrer von nun an als schreckliche Schutzgötter, die umso heiliger waren, je grausamer sie sich gebärdeten.
> So füllte sich allmählich das tibetisch-buddhistische Pantheon mit allen nur denkbaren Ungestalten, deren Wahnsinn, deren Gräueltaten und deren Menschenhass grenzenlos waren. Unter ihnen befinden sich Vampire, Kannibalen, Henker, Ghule (grausige Gespenster), Sadisten. Guru Rinpoche und seine spätere Inkarnation, der Dalai Lama, galten und gelten weiterhin als die konkurrenzlosen Meister dieses Horrorkabinetts, das sie souverän von ihrem Lotusthron aus befehligen.«[62]

Dass diese Götter und Dämonen nicht einfach symbolischer Natur sind, zeigen die verschiedensten Aussagen des 14. Dalai Lama. Für ihn sind diese Mächte ganz real (vgl. dazu auch den Abschnitt »Politik und Pazifismus«). Die Gefahr besteht darin, dass auch der Dalai Lama damit rechnen muss, dass ihm diese Mächte aus dem Ruder laufen könnten. Mit anderen Worten: Die bösartigen Götter des alten Tibet sind zwar integriert, nicht aber wirksam neutralisiert worden. Vielmehr müssen sie andauernd mit Ritualen und spirituellen Techniken im Bann gehalten werden. Sie können sich im schlimmsten Falle sogar gegen ihre »Meister« richten. In machtpolitischen Angelegenheiten werden sie aber auch bewusst gegen »Feinde« entfesselt. Ein Friedensnobelpreisträger, der Geister und Dämonen gegen Andersdenkende losschickt?

Kaum Kritik im Westen

Nachdem diese schauerlichen Hintergründe und Details aus den Lehren des tibetischen Buddhismus offen vor uns liegen, wäre eigentlich zu erwarten, dass die Europäer diesen Phänomenen mit großer Skepsis entgegentreten würden. Dem ist aber nicht so! Selbst kirchliche Vertreter lassen sich vor den Karren dieser Götter, Geister und Dämonen spannen. Wie ist das möglich?

Die Buddhismus-Verfechter werden nicht müde zu betonen, dass der tantrische Buddhismus *Vajrayana* eine Religionsausübung sei, die ausschließlich den Frieden fördere. Dies erscheint umso abwegiger, als das gesamte System seine eigene Destruktivität keineswegs leugnet und aus dem Ausreizen von Extremen seine ganze Kraft zieht.[63] Im Westen wird die Bildersprache dem breiten Publikum als reine Symbolsprache vorgestellt, die stets nur auf innerpsychologische Weise zu interpretieren sei. So erzählte man mir z.B. in einer Führung im Basler Völkerkundemuseum, dass diese grausamen Gottheiten sozusagen den »Kampf mit dem eigenen Ich« darstellten und ebenfalls als »Beschützer« zu verstehen seien. Dass die blumig beschriebenen Praktiken allerdings höchst real, makaber und obszön sein könnten – darüber spricht man nicht.

Das Kalachakra-Tantra

Das höchste Ziel der *Kalachakra*-Initiation ist ein »Weltfrieden« besonderer Art. Es geht um die Erreichung eines buddhistischen Weltreiches, an dessen Spitze der Adi Buddha steht. Dieser ist identisch mit dem Zeitgott *Kalachakra*, dem Herrn der Geschichte. Nach dem Weltenbrand soll das goldene Zeitalter des *Shambhala*-Reiches beginnen, dessen zentrale Figur der Dalai Lama ist.

Das gesamte Szenario des *Kalachakra*-Tantra ist kriegerisch, provokant, morbid und hitzig. Man hat bei der Betrachtung seiner bildlichen Darstellung ständig das Gefühl, Zuschauer eines Gemetzels zu sein. Dagegen hilft auch nicht, dass die vielen Kommentare immer wieder betonen, dass aggressive Ritualgegenstände, kämpferische Körperhaltungen, wütende Ausdrucksformen und zornige Handlungen notwendig seien, um Hindernisse, welche der eigenen Erleuchtung im Wege stehen, zu besiegen.[64]

Das wird besonders deutlich, wenn man das »Göttliche Paar«, das Zentrum des tantrischen Rituals, näher betrachtet. Friedvolle Bilder sind in den höchsten Tantras die Ausnahmen und keineswegs die Regel. Üblicherweise wird der *Heruka*-Typus gezeigt, das heißt, Paare in zornigen, destruktiven und gewaltsamen Positionen, allen voran der Buddha Hevajra. Umgeben von acht »brennenden« *Dakinis* führt er einen bizarren Höllentanz auf. Seine Partnerin ist nicht weniger martialisch. Beide halten Haken, Schwerter, Dreizacke, Hackmesser, Trommeln aus Schädelschalen, Axt, Schild, Pfeil, Bogen, usw. in den Händen.[65] Das *Kalachakra*-Tantra ist ein kompliziertes magisches System. Mit der Erstellung der Sand- *Mandalas* werden Initiationen und Belehrungen durchgeführt.

Das *Kalachakra*-Tantra weist einen äußeren, einen alternativen und einen inneren Teil auf. Das äußere Tantra beschreibt die Entstehung und Vernichtung des Universums. Hier spielt das Zauberreich *Shambhala* eine zentrale Rolle. Das *Shambhala*-

Reich wird am Ende der Zeit durch einen Vernichtungskrieg gegen alle nicht-buddhistischen Religionen errichtet. Der Dalai Lama ist der oberste Befehlshaber einer Armee, die stark an die Power Rangers oder die Pokémon erinnert. Alle großen Gurus erhoffen sich eine Wiedergeburt als *Shambhala*-Krieger.

Das innere *Kalachakra* behandelt die energetische Anatomie des mystischen Körpers. Nach tantrischen Vorstellungen besteht der Leib eines jeden Menschen nicht nur aus Fleisch und Blut, sondern aus mehreren Energiezentren, die miteinander durch Kanäle verbunden sind. Flüssigkeiten, Sekrete und »Winde« durchströmen und durchweben dieses komplexe Netzwerk. Bei den Sekreten spielen der männliche Same und das weibliche Menstruationsblut eine wichtige Rolle.[66] Im alternativen *Kalachakra* lernt man Techniken kennen, mit denen der Yogi diese inneren Energieströme je nach Notwendigkeit hervorruft, auflöst oder kontrolliert.

Die unteren Einweihungen geschehen nun so, dass der Schüler sozusagen »aufgeopfert« wird. Das heißt, der Guru nimmt Besitz von ihm. Und damit wiederum wird der Körper einer Gottheit übergeben. Man nennt dies einen »Verschlingungsakt«, den der Lama mit dem Schüler vornimmt. Damit erhält der Guru Unsterblichkeit, denn er lebt so lange im Körper eines Schülers weiter (auch nach seinem Tod), solange es Menschen gibt, die ihren Körper bereitwillig zur Verfügung stellen. Der Tantrismus entwickelt demnach nicht die guten Eigenschaften einer Person, um den Menschen zu veredeln oder zu vergöttlichen, sondern er zerstört konsequent und voll bewusst alle »Persönlichkeitsaggregate« des Initianten, um an deren Stelle das Bewusstsein des initiierenden Gurus seiner Gottheit zu setzen. Und dieser Gottheit ist ja wiederum der Guru unterstellt.[67]

Die Einweihung führt über 15 hierarchisch aufgebaute Stufen. Die sieben unteren Weihen werden vom Dalai Lama öffentlich und für die breiten Massen gegeben. Die oberen acht sind einer Minderheit von Auserwählten vorbehalten. Im Laufe dieser Einweihungen wird der Schüler vom Guru mehrfach »verschlungen«, »vernichtet« und als Energie absorbiert. Am Ende der siebten Einweihung erhält der Schüler das Diamantenzepter (symbolisiert den männlichen Penis bzw. die »Methode« = *Upaja*), mit dem er über die Glocke (weibliche Weisheitsenergien = *Prajna*) herrscht, die er ebenfalls erhält. Von nun an darf der Schüler als »Herr der siebten Ebene« die Lehre Buddhas verbreiten. Prinzipiell integrieren immer die Oberen die Unteren in diese Hierarchie. In diesem Sinne ist der Dalai Lama allen Buddhisten übergeordnet, bzw. sind jene ein Teil von ihm. Er ist sozusagen die »Fülle« aller Buddhisten.

Auf den folgenden Stufen kommt es dann zur geschlechtlichen Vereinigung mit einer realen Partnerin. In allen höheren Einweihungen ist die Anwesenheit einer jungen Frau von zehn, zwölf, sechzehn oder zwanzig Jahren notwendig. Ohne eine lebende *Karma Mudra* kann, zumindest nach dem Urtext, keine Erleuchtung in diesem Leben erreicht werden. Dem Schüler wird eine nackte junge Frau vorgeführt, die er betasten muss, ohne einen Samenerguss zu haben. Anschließend vereinigt sich der Meister mit dem Mädchen, nimmt etwas von der Vaginalflüssigkeit, mischt sie mit seinem Samen und benetzt damit die Zunge des Schülers. Damit erreicht der Schüler den Status eines androgynen Wesens und nennt sich »Sohn des Buddhas«.[68]

In der Höheren Einweihung ist es für den Adepten zudem Pflicht, die fünf Fleischarten (Menschen-, Elefanten-, Pferde-, Hunde- und Kuhfleisch) rituell zu verspeisen, sowie die fünf Nektare zu trinken (Blut, Samen, Menses ...). Die weiteren Stufen ersparen wir uns. Sie verlaufen in ähnlichem Sinne.[69]

Am Ende des Weges steht der Adi Buddha, der Herrscher über das Universum. Das Universum und der Körper eines derartigen Gurus (Dalai Lama) sind identisch. In einem letzten Akt vernichtet der Adi Buddha das gesamte Universum und verinnerlicht es. Er wird damit zum obersten Prinzip über Zeit und Raum. Der Dalai Lama ist Kaiser und Papst, Staat und Gott in einer Person, er ist das lebende sakrale Zentrum der »Buddhokratie«. Solange der Dalai Lama weiterhin das *Kalachakra*-Tantra praktiziert, bestätigt er nichts anderes als eben diese Machtansprüche. Demzufolge sind seine Behauptungen, nur ein »gewöhnlicher einfacher Mönch« zu sein, entweder unwahr oder aber, er spielt seinem Volk und der gesamten buddhistischen Welt ein Theater vor.

Die Geschichte scheint eher Ersteres zu bestätigen. 1940 bestieg der jetzige Dalai Lama den »Löwenthron« – das Symbol des Weltkönigtums (ein Symbol der weltlichen Macht). 1950 erhielt er das »goldene Rad«, das ihn als »universellen Raddreher« (*Chakravartin*) ausweist – somit also als die Person, die den Endzeitkrieg gegen alle Ungläubigen auslöst. Wir dürfen bei den Aussagen des Dalai Lama nie vergessen, dass das tantrische Prinzip der Umkehrung gilt. Der »einfache Mönch aus Tibet« kann innerhalb kürzester Zeit zum mächtigsten Hierarchen des Universums aufsteigen. Höchste Bescheidenheit und höchster Machtanspruch sind für ihn als Tantriker die beiden Seiten derselben Medaille. Es ist zudem unglaubwürdig, dass der Dalai Lama ein asketisches, asexuelles Mönchsleben führt. Gerade die notwendigen Weihen zum Dalai Lama verlangen etwas ganz anderes. In der Öffentlichkeit tritt er als der *Mahayana-Bodhisattva* auf, der nur Mitgefühl für das Leiden der Lebewesen empfindet. Er ist aber eben nicht nur das. Das Gegenteil ist genauso wahr. Die Aggressivität und Morbidität der Tantras, die sexuellen Exzesse, das »Frauenopfer«, der energetische »Vampirismus«, die omnipotenten Machtansprüche, die globale Zerstörungswut (Versklavung der Natur, weil weibliches Prinzip – symbolisch dargestellt durch das Einschlagen von Nägeln am Anfang einer *Mandalazeremonie*) – all das wird seitens des 14. Dalai Lama systematisch verschleiert.

Politik und Pazifismus

Das alte Tibet wird gerne mit einem paradiesischen Urzustand verglichen, der durch die brutale Eroberung der Chinesen vernichtet worden sei. Nichts ist unwahrer als dies. So kam es zwischen den verschiedenen Mönchsfraktionen (z.B. Gelbmützen gegen Rotmützen) immer wieder zu erbitterten Kämpfen und Schlachten. Bewaffnete Konflikte waren, wie in jedem Volk, nichts Ungewöhnliches. Gift, Meuchelmord und spiritistischer Schadzauber begleiteten die lamaistische Politik von jeher. So erreichten z.B. der 9., 10. und 11. Dalai Lama ihr Erwachsenenalter nicht. Sie wurden Opfer mächtiger Cliquen innerhalb des klerikalen Establishments. Selbst vor der chinesischen Besetzung kam es zu blutigen Auseinandersetzungen zwischen Anhängern verschiedener Mönchsorden (z.B. 1947 mit 200 toten Mönchen).

Schon im alten Tibet existierte eine brutale Mönchspolizei, die sehr gut hätte mithalten können mit der Mafia und ihren Methoden.[70] Die gut gerüsteten Mönchsheere waren ringsum berühmt und gefürchtet und fochten zahlreiche Schlachten aus.[71]

Die Bewertung des Krieges durch den Lamaismus ist grundsätzlich bejahend und positiv, soweit es um die Verbreitung des Buddhismus geht. Dabei handelt es sich keineswegs um ein Auseinanderklaffen von historischer Realität und buddhistisch-pazifistischer Doktrin. Der *Vajrayana* selber kultiviert ein aggressiv-kriegerisches Verhalten, und das nicht nur, um es durch Bewusstseinskontrolle zu überwinden. Kriege werden – wie es auch bei anderen Religionen üblich ist – ausgelöst, um gegen die »Feinde der Lehre« vorzugehen. Schon von Beginn der tibetischen Geschichte an wurden die Grenzen zwischen dem »Krieger« und dem »Heiligen« verwischt. Ein guter »Schüler« des Vajrayana und ein Shambhala-Krieger sind identisch.[72]

Nach der chinesischen Besetzung musste der Dalai Lama 1959 flüchten. Dies geschah mit der Billigung Chinas und mit Hilfe des amerikanischen Geheimdienstes CIA. Die Flucht war von langer

Hand geplant. In den USA ausgebildete, tibetische Guerilleros holten ihn in seiner Sommerresidenz in Lhasa ab. Während des langen Marsches zur indischen Grenze standen sie in ständigem Funkkontakt mit den Amerikanern und wurden von Flugzeugen aus mit Lebensmitteln und Ausrüstungen versorgt. Die Chinesen unternahmen nichts dagegen, weil sie glaubten, dass sie mit der Rebellion in Tibet besser fertig würden, wenn der Dalai Lama außer Landes sei.

Im Exil sympathisierte er weiterhin mit den Guerilleros: »Trotz meines Glaubens«, heißt es in seiner 1964 publizierten Autobiografie, »bewundere ich sehr ihren Mut und ihre Entschlossenheit, den grimmigen Kampf auf sich zu nehmen, welchen sie für unsere Freiheit, unsere Kultur und Religion begonnen hatten. Ich danke ihnen für ihre Stärke und ihren Wagemut, und auch persönlich für den Schutz, den sie mir gegeben haben ... So konnte ich ehrenwerterweise ihnen nicht den Rat geben, Gewalt zu vermeiden.«[73]

In der neuen, 1990 erschienenen Fassung der Autobiografie (»Das Buch der Freiheit«) des jetzigen Friedensnobelpreisträgers wird dieser Passus nicht mehr erwähnt. Er steht in einem zu offenkundigen Widerspruch zum jetzigen Image des *Kunduns* (tibetisch: »Der Verehrungswürdige«) als »dem höchsten Friedensfürsten unseres Jahrhunderts«.

Der Dalai Lama unterstützte den Guerillakrieg weiter. 1980 antwortete er in einem Interview auf die Frage, ob sich Gewalt und Religion nicht gegenseitig ausschlössen: »Sie sind vereinbar. Es hängt von der Motivation und vom Ergebnis ab. Wenn beide gut sind und die Umstände keine andere Alternative erlauben, dann ist Gewalt erlaubt.«[74] Das Image wandelt sich auf erstaunliche Weise ... Noch heute feiern die Exiltibeter in Dharamsala ihren Nationalfeiertag mit Fahnen, Kriegs- und Kampfliedern und Militärparaden.

Im »Gesang des aufstehenden Volkes« (*Long shog*) heißt es z.B. »Tibet folgt seinem wahren Führer ... dem großen Beschützer,

Seiner Heiligkeit dem Dalai Lama, der innen wie außen von den Tibetern anerkannt wird. Der Metzger – Feind mit roten Händen, der imperialistische rote Chinese, wird sicher aus Tibet hinausgeworfen werden. Steht auf, all ihr Patrioten!«[75] Zur Atombombe der Inder meinte der Dalai Lama:

> »Indien sollte nicht von den entwickelten Ländern unter Druck gesetzt werden, seine Atomwaffen aufzugeben ... Es sollte denselben Zugang zu den Nuklearwaffen haben wie die entwickelten Länder. Die Vorstellung, dass wenige Länder nukleare Waffen besitzen dürfen und der Rest der Welt nicht – das ist undemokratisch.«[76]

Im tibetanischen Buddhismus wird die Weltgeschichte mythologisch gedeutet. Tibet ist dabei das sakrale Zentrum der Welt. Es steht auf dem durchbohrten Herzen der Erdmutter *Srinmo*. Bei der Errichtung eines jeglichen lamaistischen Heiligtums, ob Tempel oder Kloster, gleichgültig ob die Gründung in Tibet, in Indien oder im Westen geschieht, wird dieser Annagelungsakt wiederholt. Denn bevor der erste Grundstein für das neue Gebäude gelegt ist, betreten die tantrischen Priester den ausgewählten Ort und vollziehen mit ihren *Phurbas* (Ritualdolchen) die rituelle Durchbohrung der Erdmutter.[77]

Man kann die Konflikte zwischen China und Tibet nur verstehen, wenn man den spirituellen Hintergrund kennt. China übernimmt im tibetischen Weltendrama die weibliche Rolle. Der Dalai Lama sieht in China das bedrohliche und verschlingende »Große Weibliche«, die Schreckens-*Dakini*, die er gemäß dem tantrischen Muster erobern und unterwerfen muss.

Schon seit alters her herrscht ein Konflikt zwischen der chinesischen und der tibetischen Mythologie. So verkündigte z.B. Laotse in seiner praktischen »Theorie der Herrschaft« eindeutig den weiblichen Faktor. Ebenso prägend ist die Göttin *Kuan Yin*, die ursprünglich nur eine feminine Erscheinungsform des *Bodhisattvas* war, dann aber zur eigenständigen Göttin geriet. Man denke auch an die Urmutter *Niang Niang* oder die große Göttin *Si Wang Mu*.

Als der Buddhismus um das 3. Jahrhundert in China Verbreitung fand, kam es über eine lange Periode zu einem Konkurrenzkampf zwischen Buddhismus und Taoismus. In deren Verlauf wurde Wu Zhao (eine Frau) im 7. Jh. zur Kaiserin ernannt. Sie deutete den maskulinen Aspekt des Buddhismus weiblich um und nahm für sich Dinge in Anspruch, die eigentlich der Dalai Lama Tibets proklamierte. So kam es zum Krieg mit dem damaligen Großreich Tibet. Dieser Konflikt wiederholte sich mehrfach, so z.B. unter der chinesischen Kaiserin Tze Hsi (1835-1908). Vermutlich durch ein tantrisches Ritual des damaligen Dalai Lamas initiiert, starb die Konkurrentin bei einem Besuch des Lamas in China.

Der heutige Dalai Lama glaubt an ähnliche Zusammenhänge. Er betrachtet ein von ihm 1976 durchgeführtes tantrisches Ritual als Ursache für den Tod Mao Tse-tungs. Dasselbe geschah beim Besuch eines Bruders des Dalai Lamas in China. Gyalo Thondup verhandelte mit Deng Xiaoping über die Tibetfrage. Wenige Tage nach diesem Treffen starb Deng Xiaoping.[78] Schon immer waren die lamaistischen Geistlichen davon überzeugt, dass es ihnen gelingen kann, ihre Feinde anstatt durch Waffen durch Magie zu besiegen.

Die entscheidenden politischen Schritte werden nicht aufgrund von politischen und demokratischen Prozessen gemacht, sondern durch ritualmagische. So hat die oberste Autorität der Exiltibeter ein spiritistisches Medium, das Staatsorakel. Erst nachdem es befragt worden ist, werden staatspolitische Handlungen unternommen. Der Dalai Lama dazu:

> »Ich glaube nicht nur an Geister, sondern an verschiedene Arten von Geistern! […] Zu dieser Kategorie gehört das Staatsorakel Nechung (Pehar). Wir halten diese Geister für zuverlässig, denn sie haben eine lange Geschichte ohne jede Kontroverse in über 1000 Jahren.«[79]

Kommen wir zum Schlussbild der tibetischen Sakral-Politik. Die letzte Vision ist äußerst blutrünstig. Sie spricht von einer Vernichtungsschlacht der Ungläubigen. Dieser Vernichtungskrieg soll in etwa 300 Jahren stattfinden. Der Dalai Lama selber wird der Anführer dieser schrecklichen Kriegertruppe sein. Unter anderem werden explizit die Moslems als Feinde erwähnt. In dieser von den Mongolen übernommenen Endzeitschlacht wimmelt es von Kriegsmaschinen, Mordinstrumenten und tödlichen Kriegern[80]. Der Dalai Lama sieht sich als Reinkarnation des großen 5. Lamas. Und schon jener sah sich als oberster Kriegsherr, der mit Waffengewalt in Tibet herrschte.

Der jetzige Dalai Lama selbst äußert sich zweideutig darüber. Einerseits psychologisiert er dieses Drama, andererseits lässt er die Realität offen. Das Endziel des tibetischen Buddhismus sieht einen Gottkönigstaat vor, der das Zentrum der gesamten Welt darstellt. Die obersten Herrscher sind der Dalai Lama und die Mönche. In diesem Sinne sieht sich Tibet als auserwählte religiöse Nation:

> »Es gibt viele große Nationen auf der Erde, die unvorstellbaren Reichtum und Macht angehäuft haben, aber es gibt nur eine Nation, die für das Wohlbefinden der Menschheit auserwählt ist, und das ist das religiöse Land von Tibet, welches die Verbindung eines spirituellen und weltlichen Systems bewahrt hat.«[81]

In diesem Sinne strebte die tibetische Mönchsklasse schon über Jahrhunderte hinweg nach weltlicher Macht.[82] Die Bekenntnisse des Dalai Lama zur westlichen Demokratie müssen vor diesem Hintergrund hinterfragt werden. Das exiltibetische Parlament hat bis heute rein kosmetische Funktion und keine wirklichen Kompetenzen gegenüber dem Dalai Lama. Es ist von Sympathisanten und Familienangehörigen des Dalai Lama gesteuert und vertritt letztlich die religiös-politischen Ziele desselben. Die einzige unabhängige Zeitung in Dharamsala mit dem Namen »Demokratie« (tib. »Mangtso«) musste ihr Erscheinen unter dem Druck von Mitgliedern der Exilregierung einstellen.[83] Man spricht in diesem Zusammenhang von einer »Lobby«.

Mit jedem *Kalachakra*-Ritual soll nach den Worten des 14. Dalai Lama der »Weltfrieden« gefestigt werden. Mit ironischem Unterton schreibt der Tibetologe Donald L. Lopez:

> »Dieser Frieden mag eine ganz spezielle Bedeutung haben, denn die, welche die Initiation entgegennehmen, setzen damit den Samen, im kommenden Leben in Shambhala wiedergeboren zu werden, im reinen buddhistischen Land jenseits der Berge, wo der Buddhismus bewahrt wird. Im Jahre 2245 (?) bricht die königliche Armee aus Shambhala aus, um die Barbaren in einem buddhistischen Armageddon (!) zu vernichten, um den Buddhismus in Indien und in der Welt erneut zu errichten und eine Friedensherrschaft einzuleiten.«[84]

Wer hier noch einmal nachhakt, kann entdecken, welche Folgen die tibetischen Mythen für den Westen hatten. Helena Blavatsky, die Begründerin der Theosophie, brachte das tibetische Gedankengut in den Westen. Von dort aus bahnte es sich den Weg in den deutschen Nationalsozialismus. Das Hakenkreuz ist zugleich das buddhistische Symbol vom Rad der Lehre.[85] Heinrich Himmler schickte sogar eine Expedition nach Tibet, um dort nach einer verschollenen arischen Rasse zu suchen, in einem geheimnisvollen Reich namens *Shambhala*.

Heinrich Harrer, eine andere Gestalt aus Nazideutschland, hat dem jungen Dalai Lama ein literarisches Denkmal errichtet. Harrer selbst war Nazi und wurde zum langjährigen Freund des Dalai Lama. Um einen Skandal zu vermeiden, musste Jean-Jacques Annaud seine von Brad Pitt gespielte Harrer-Rolle kurzerhand umschreiben und in einen reumütigen Büßer verwandeln. Harrer hat seine braune Vergangenheit – entgegen der romantisierten Darstellung im Film »Sieben Jahre in Tibet« – niemals bestritten oder bereut.

Der Dalai Lama hat auch später die Kontakte zu anderen Nazigrößen, wie z.B. Dr. Bruno Beger, bis in die 1990er-Jahre nicht abgebrochen.[86] Er pflegt auch Kontakte mit dem chilenischen Faschisten Miguel Serrano. Serrano ist ein Vertreter des esoterischen Hitlerismus und sagte gegenüber Reportern, er und der Hierarch aus Tibet seien seit seiner Zeit in Indien gute »Freunde«.[87]

Noch brisanter sind die Beziehungen des Dalai Lama zum Leiter der Aum-Sekte, Shoko Asahara, die 1995 durch den grausamen Giftgasanschlag in Tokio berühmt wurde. Der Dalai Lama traf sich mehrere Male mit Asahara. Über die Aum-Sekte schreibt der Dalai Lama später in einer Spendendanksagung, dass sie »das öffentliche Bewusstsein durch religiöse und soziale Aktivitäten fördert«.[88] In einem anderen Schreiben heißt es über Aum:

> »AUM strebt nach unserem besten Wissen an, das öffentliche Wohl durch verschiedene religiöse und soziale Aktivitäten zu fördern, zum Beispiel durch Unterricht in buddhistischen Lehren und Yoga.«[89]

Nach dem Attentat, als die Tragweite der Aum-Machenschaften allmählich zutage traten, distanzierte sich der Dalai Lama von Aum: »Es ist undenkbar, dass Seine Heiligkeit der Dalai Lama mit den kriminellen Handlungen der Aum-Sekte nur wegen einer gelegentlichen spirituellen Beziehung zu Asahara in Zusammenhang gebracht wird.«[90] Aber eben hier muss doch gefragt werden: Ist es nicht gerade die vertiefte Auseinandersetzung mit dem tibetischen Buddhismus, die diese Wahnsinnstat möglich werden ließ – der Mythos von *Shambhala*? Vertiefte Studien über die Aum-Sekte weisen genau darauf hin.

Die Aum-Sekte war eine konsequente und buchstabengetreue Schülerin tantrischer Lehrinhalte. Die Geschichte Asaharas zeigt, dass der *Vajrayana* und der *Shambhala*-Mythos dämonisches Potenzial in sich tragen. Interessant ist auch, dass der Friedensnobelpreisträger selber großes Interesse an Kriegen, Waffen und Uniformen hatte. Über Uniformen meint er: Sie »sind aber auch sehr attraktiv ... Jeder Knopf an der Jacke glänzt so schön. Und erst die Gürtel, die Abzeichen.«[91] Und an anderer Stelle:

> »Ich habe mir schon als Kind gern Bilderbücher aus der Bibliothek meines Vorgängers angesehen, speziell über den Ersten Weltkrieg. Ich liebte all die Instrumente, die Waffen und Panzer, die Flugzeuge, die tollen Kriegsschiffe und U-Boote. Später bat ich um Bücher über den Zweiten Weltkrieg. Als ich 1954 China besuchte, wusste ich darüber mehr als die Chinesen.«[92]

Und schließlich: »Früher hatte ich allerdings eine Lieblingssendung. Sie werden es mir nicht glauben! ›M.A.S.H‹ – die US-Serie über den Vietnamkrieg. Sehr komisch ...« (lacht).«[93]

Es bleibt zu wünschen, dass diese Begeisterung tatsächlich Vergangenheit ist und nichts mit der waffenstrotzenden *Shambhala*-Vision zu tun hat. Ein Mensch kann sich verändern – das müssen wir dem Dalai Lama zugestehen. Allerdings bleibt Skepsis, bedenkt man die religiösen Welten, die »Seine Heiligkeit« vertritt.

Die Sache mit den Mandalas

Wo immer der Dalai Lama auftritt, werden von Mönchen Sand-*Mandalas* geschaffen. Diese außerordentlichen Kunstwerke werden bei ihrer Herstellung einem staunenden Publikum zugänglich gemacht. Was bedeuten sie eigentlich? Die Errichtung eines *Mandalas* ist ein politisch-magischer Akt. Durch das Zauberdiagramm kann ein Tantra-Meister den Ort seiner Konstruktion und das entsprechende Umfeld »energetisch« besetzen und für sich in Anspruch nehmen. Menschen, die sich im Machtbereich einer *Mandala*-Architektur aufhalten, werden durch deren Energie beeinflusst, und ihr Bewusstsein wird durch sie manipuliert. Das *Kalachakra*-Sand-*Mandala* (»kala« = hind. für »schwarz« und »chakra« = »Kreis, Rad«) dient deswegen nicht nur zur Initiation eines Adepten, sondern ebenso als ein okkulter Besitztitel, um mit ihm die Herrschaft über ein bestimmtes Territorium zu begründen. Man baut einen Zauberkreis (ein *Mandala*) und »verankert« ihn in der beanspruchten Region. Dann ruft man die Götter an und bittet diese, in dem »*Mandalapalast*« ihren Wohnsitz aufzuschlagen.

Das *Mandala* wird sozusagen mit göttlichen Kräften »energetisiert«. Nachdem ein geografisches Gebiet durch ein *Mandala* (Kosmogramm) besetzt wurde, verwandelt es sich im buddhistischen Denken in ein sakrales Zentrum der buddhistischen Kosmologie. Jede Errichtung eines *Mandala*s bedeutet in der Folge auch die magische Unterwerfung der Einwohner der Region, in welcher der »Zauberkreis« errichtet wurde. Im Falle des *Kalachakra*-Sand-*Mandalas* transformieren sich deswegen die Plätze, auf denen man es aufgebaut hat, zu Herrschaftsdomänen der tibetischen Zeitgötter. Demzufolge ist der oberste Herr dieser Orte der Dalai Lama.[94]

Am Ende wird das Sand-*Mandala* zerstört. Das bedeutet, dass die im *Mandala* innewohnenden Energien der Zeitgötter jetzt auf den Guru, Mönch oder Lama übergehen.[95] Oder nach tantrischer Logik: Die betreffende Person übernimmt die spirituelle Herrschaft über das entsprechende Gebiet. So werden auf der ganzen Welt durch *Mandala*-Zeremonien Städte und Dörfer unter den spirituellen Herrschaftsanspruch des Dalai Lama gebracht.

Jesus und der Buddhismus

Als Theologe interessiert mich natürlich besonders das Gemeinsame von und die Unterschiede zwischen Buddhismus und Christentum. Immerhin sind ja Begriffe wie »Liebe«, »Toleranz«, »Frieden« oder »Achtsamkeit« auch zentrale Anliegen des christlichen Glaubens. Und von daher müsste es ja viele Gemeinsamkeiten geben. Verschiedene Theologen und kirchliche Vertreter laden deswegen auch gerne Buddhisten oder den Dalai Lama selber zu interreligiösen Veranstaltungen ein.

Immer wieder werden die Gemeinsamkeiten zwischen der Nächstenliebe von Jesus und des Buddhismus hervorgehoben. Für einen Buddhisten – so der Dalai Lama – könne Christus selbstverständlich als *Bodhisattva* betrachtet werden, jedoch müsse man es vermeiden, Christus für den Buddhismus zu beanspruchen. – Das ist allerdings nur die eine Seite der Medaille.

Wer das *Kalachakra*-Tantra kennt, versteht sofort warum. Dort wird nämlich Christus als einer der »Ketzer« bezeichnet (seine Anhänger werden, wie die Moslems, in der *Shambhala*-Endschlacht bekämpft).[96] Das ist bedenklich.

Der Dalai Lama versucht gemäß tantrischem Ritual, andere Religionen umzudeuten und sie in das eigene System zu integrieren. Nie aber umgekehrt. Dies tut er konsequent bei ökumenischen Anlässen und in Begegnungen mit anderen Religionen, bei Wissenschaftlern und auf Kongressen. Das war schon immer die große Kunst der Lamas, schon während der Eroberung Tibets. Wären die Christen besser informiert, würden sie diesen Versuchen mit Entschiedenheit entgegentreten.[97]

Literarische Versuche, das Christentum in den Buddhismus zu integrieren, verschweigen bewusst die dunkle und aggressive Seite des *Kalachakra-Tantra*.[98] Auch das Wort *Shambhala* taucht dort nicht auf.[99] Warum? Wer sich intensiver mit dem tibetischen Buddhismus auseinandersetzt, und ich hoffe, dazu tragen diese Seiten bei, muss zum Schluss kommen, dass Christentum und Lamaismus absolut unvereinbar sind.

So finde ich es höchst bedenklich, dass viele christliche Theologen diese Zusammenhänge entweder nicht sehen oder nicht sehen wollen. Ich habe das selber immer wieder erlebt. Falsch verstandene Toleranz, ein schlechtes Gewissen ob der eigenen religiösen Vergangenheit oder schlichtweg Unwissenheit mögen einige

Gründe dafür sein. Die Leute, die eigentlich am meisten von religiösen Systemen verstehen sollten, scheinen oft die blindesten zu sein.

Schlussfolgerungen

Trimondis schreiben:

> »Die Westler glauben, das Erleuchtungsbewusstsein habe immer noch irgendetwas mit einem selbst zu tun. Ein Lehrer des tantrischen Buddhismus dagegen weiß, dass die Individualität des Schülers völlig ausgelöscht und durch ein strikt kodifiziertes, kulturell verankertes Götterheer ersetzt wird.«[100]

Und weiter:

> »Der tibetische Buddhismus beabsichtigt in seinem Kern nicht die Erleuchtung von Individuen, sondern die Fortexistenz einer Kultur von Übermenschen (Yogis, Götter) in der Gestalt von ›besessenen‹ Menschen. Es geht ihm dabei um die Verewigung einer Priesterkaste, die nicht zu sterben braucht, weil ihr Bewusstsein immer wieder in den humanen Körpern ihrer Sadhakas und Anhänger inkarnieren kann. Diese Kaste und ihre Gottheiten gelten als sakrosankt. Sie leben jenseits jeglicher Kritik. Ihre Symbole, ihre Taten und ihre Geschichte werden als vorbildlich hingestellt, sie sind das kulturelle Erbe, das nicht hinterfragt werden darf, sondern das von den Gläubigen blind zu übernehmen ist. [...] Die Menschen folgen dem tibetischen Buddhismus, weil sie sich hierdurch Erleuchtung (Befreiung von persönlichem Leid) erhoffen, in Wirklichkeit jedoch werden sie zu Erfüllungshilfen des politischen Lamaismus und der hinter ihm wirksamen tibetischen Götter.«[101]

Ihre Aussagen gipfeln in folgenden Sätzen:

> »Ziel dieses Tantras [Kalachakra-Tantras, Anm. d.A.] ist die Errichtung eines androzentrischen, undemokratischen, despotischen Mönchsstaates mit einem Alleinherrscher (dem Adi Buddha) an der Spitze. [...] Der Staat und seine Organe schrecken in einer Buddhokratie tibetischer Prägung nicht vor schwarzmagischen Ritualen zurück, um politische Gegner aus der Welt zu schaffen. Die buddhokratische Politik richtet sich nicht nach demokratischen Entscheidungsprozessen, sondern nach göttlichen Befehlen, insbesondere nach Aussagen von Orakeln, unter denen Pehar, der vorbuddhistische Kriegsgott der Hor-Mongolen, die führende Rolle (als Staatsorakel) einnimmt. Der Shambhala-Mythos beinhaltet eine von einem ›faschistischen‹ Kriegerethos getragene Endzeitvision, in der die Gläubigen (die Buddhisten) alle Ungläubigen (vor allem die Moslems) brutal vernichten. Der tantrische Buddhismus manipuliert die westlichen Massen mit verfälschten Bildern von Frieden, Ökologie, Demokratie, Frauenfreundlichkeit, sozialer Gerechtigkeit und Mitgefühl.«[102]

II: Teil: Was Buddhismus-Kritikern vorgeworfen wird

Man kann sich vorstellen, dass Bücher wie »Der Schatten des Dalai Lama« kaum Begeisterungsstürme in den buddhistischen und tibetfreundlichen Kreisen auslösen. Die Vorwürfe wiegen allzu schwer. Deshalb ist es nur legitim, die wichtigsten Argumente, die gegen die Autoren Trimondi, die in Wirklichkeit Röttgen heißen, vorgebracht werden, zusammengefasst aufzuführen.

Die Aussagen sind unseriös und unwissenschaftlich

Den Trimondis wird vorgeworfen, psychologisch, emotional und eklektisch zu argumentieren. Zitate seien aus dem Zusammenhang gerissen, Halbwahrheiten, Vermutungen und Fakten durcheinander gemischt usw. Stellenweise empfand ich das selbst auch so.

Allerdings hatte ich den Eindruck, dass die Autoren an den entscheidenden Punkten sorgfältig und detailliert argumentierten – mit einer fast überfordernden Akribie. Einen sachlicheren Tonfall hätte ich an manchen Stellen allerdings geschätzt.

Das ellenlange Literaturverzeichnis und die unzähligen Konkretisierungen durch Fußnoten machen es einem schwer, an Unseriosität zu glauben. Doch im Museum der Kulturen in Basel sagte man mir, es sei kein Problem, ein solches Literaturverzeichnis zu »fälschen«. Man müsse nur einfach einen passenden Satz (mehr nicht!) aus einem berühmten Buch zitieren, und schon könne man es ins Literaturverzeichnis aufnehmen, ohne es je richtig gelesen zu haben. Das ist ein berechtigter Verdacht – da dieser »Sündenfall« in akademischen Kreisen immer wieder ruchbar wird. Ob er die Röttgens/Trimondis trifft, konnte ich im Detail nicht nachprüfen. Das würde bei der Menge von Literatur wohl Monate oder Jahre dauern!

Die Trimondis antworten auf diese Kritik: »Alles, was uns vorgeworfen wird, sind falsche Schreibweisen im Buch, unvollständige Quellenangaben, Zitate aus Sekundärliteratur usw. Die wesentlichen Behauptungen unseres Buches werden allerdings nicht aufgegriffen oder marginalisiert.«

Das kann man glauben oder nicht. Die gewaltige Menge an konkreten Zitaten und Hinweisen im Literaturverzeichnis bleiben bestehen. Meine eigenen Recherchen bestätigten viele Aussagen des Buches, was dem Ganzen meiner Meinung nach wirkliches Gewicht verleiht.

Randerscheinungen werden ins Zentrum gerückt

Generell begegnen einem folgende Argumentationen: Die erwähnten Passagen seien für den heutigen tibetischen Buddhismus – insbesondere den Dalai Lama – völlige Randerscheinungen und würden von den Trimondis aufgebauscht und überstrapaziert.

Zum Beispiel wird behauptet, die Tantras seien Texte, denen heute keinerlei Bedeutung mehr zukomme. Dies scheint mir falsch zu sein, da der 14. Dalai Lama doch tatsächlich in aller Öffentlichkeit das *Kalachakra*-Tantra-Ritual durchführt. Er hat in über 25 Großstädten Tausende von Westeuropäern in die niedrigen Stufen eingeführt. Kein Ort, an dem nicht das *Kalachakra-Mandala* mit Sand gelegt worden wäre.

In der Diskussion mit der westlichen Welt beruft sich der Dalai Lama zwar vor allem auf Begriffe wie »Toleranz«, »Pazifismus« oder »Ökumene«. In der Praxis allerdings führt er die spezifisch tibetischen Rituale durch – insbesondere das *Kalachakra*-Tantra. Und genau das ist ja der Stein des Anstoßes!

Weiterhin wird behauptet, dass das *Kalachakra*-Tantra in der Geschichte der Dalai Lamas nie eine besondere Bedeutung gehabt habe.[103] Hier steht Aussage gegen Aussage. Trimondis haben genau diesen Punkt in ihrem Buch ausführlich beschrieben und nennen nicht nur Dalai Lamas, die dazu ganze Bücher verfasst haben (z.B. Atisha oder der 7. Dalai Lama), sondern auch 25 Orte, an denen der 14. Dalai Lama dieses Ritual zum Teil vor Hunderttausenden von Menschen durchgeführt hat. Sie verweisen auch auf Zeitungsartikel, zeigen ein Foto und zitieren Bücher und die offizielle Homepage www.kalachakra.com. Ich habe den Eindruck, dass etliche Kritiker – einmal vorsichtig ausgedrückt – es mit den Fakten nicht allzu genau nehmen.

Der *Shambhala*-Mythos, so ein weiterer Vorwurf, sei ein Mythos unter vielen und spiele ebenfalls eine marginale Rolle im heutigen tibetischen Buddhismus (und beim 14. Dalai Lama). Trimondis legen in ihrem Buch mit großem Gewicht dar, dass dies eben nicht der Fall sei – im Gegenteil. Der *Shambhala*-Mythos sei bei den Westeuropäern als verlorenes Paradies sehr beliebt und werde von den tibetischen Lamas mit großem Enthusiasmus im Westen verbreitet, um Tibet zum Mythos zu erheben. Ebenso habe er eine zentrale Rolle im Krieg gegen die Bolschewiken in den 20er-Jahren des 20. Jahrhunderts gespielt. Weiterhin habe der *Shambhala*-Mythos den Leiter der Aum-Sekte zu den Giftgas-Attentaten inspiriert. Auch im Nazitum und Neofaschismus hat er laut den Trimondis eine große Rolle gespielt bzw. tue es noch. Und schließlich sei der *Shambhala*-Mythos wiederum Teil des *Kalachakra*-Tantras, das der Dalai Lama ja regelmäßig zelebriere.

Trimondis behaupten zudem, dass jahrelang verschwiegen worden sei, welch blutrünstiger Mythos *Shambhala* sei. Erst jetzt werde allmählich unter dem zunehmenden Druck der Kritiker diese Tatsache zugegeben. Allerdings, so die Trimondis, in dem Sinne, dass die Wichtigkeit des Mythos geleugnet werde.[104]

Ob und wie der *Shambhala*-Mythos für den 14. Dalai Lama Wirklichkeit ist, bleibt offen. Er verneint dessen Realität nicht, bejaht sie aber auch nicht völlig. Darüber herrscht Unklarheit. Bewusst davon distanziert hat er sich jedenfalls nicht. Das müsste eigentlich zu erwarten sein, denn immerhin ist die große Endzeitschlacht und nachfolgende Buddhokratie diametral entgegengesetzt zu der »Friedensmission« des Dalai Lama. Trimondis gelingt der durchschlagende Beweis nicht. Es bleibt bei Indizien.

Aber so falsch können sie nicht liegen. E. Bernbaum schreibt: »Als ich dem Dalai Lama gegenüber unvorsichtigerweise andeutete, dass ich Shambhala nur für eine Vorstellung oder für ein immaterielles, vom Bewusstsein erschaffenes Paradies halten würde, antwortete er mir ganz entschieden: ›Nein. Diese Ansicht ist mit Sicherheit falsch. Shambhala besitzt eine materielle Existenz und befindet sich auf dieser Welt.‹«

Was man sicher sagen kann, ist, dass die westlichen Adepten im *Shambhala*-Mythos einen zentralen Punkt sehen, ebenso viele tibetische Lamas, die im Westen lehren. Ob sich ihre Linie mit derjenigen des Dalai Lamas deckt, bleibt offen.

Ein weiterer Vorwurf besagt: »Frauen- und Mädchenmissbrauch zugunsten der Yogi-Kräfte sind eine Randerscheinung.« Das verneinen Trimondis. Es gehe nicht um Entgleisungen von zölibatär frustrierten Mönchen, sondern um ein Kernstück des Tantrismus: Sex mit realen Mädchen und Frauen zur höheren Weihe im System. Erstaunlicherweise geben die Kritiker dann doch zu, dass es beim *Kalachakra*-Tantra zu sexuellen Akten kommt – allerdings nur für »Eingeweihte«. Bei Brauen kann man nachlesen, dass die Texte tatsächlich Mädchen von 12 Jahren empfehlen. Allerdings müsse man bedenken, dass es damals in Indien üblich gewesen sei, Mädchen mit 11 oder 12 Jahren zu verheiraten. Heute, so die Botschaft, sei die »Verwendung« von Kindsbräuten nicht mehr üblich.[105]

Trimondis zitieren eine Studie aus dem Jahre 1921, in der britische Ärzte in Indien die erschreckenden Verletzungen von jungen Mädchen im Intimbereich und deren Folgen beschreiben. Dies belege, dass junge Mädchen in derartigen Kulturen trotz postulierter »Frühreife« schwere Schäden davontrügen. Allerdings ist das kein Beweis für das *Kalachakra*-Tantra und die Kindsbräute. Es ist ein Indiz, mehr nicht.

Ob der Dalai Lama selber derartige Praktiken vollzogen hat, sagt er uns natürlich nicht. Trimondis weisen darauf hin, dass »zölibatär« bei Mönchen nicht heißt, das *Kalachakra*-Tantra nicht mit einer Frau durchzuführen. Dazu der Original-Ton des Dalai Lama: »Ein Mönch darf nicht töten, stehlen oder lügen. [...] Er muss auch strikte Keuschheit üben.«[106] Aber was heißt »Keuschheit«? An anderer Stelle wird sie definiert:

> »Das Sexualorgan wird zwar benutzt, aber der Fluss der Energie wird völlig beherrscht. Die Energie sollte sich niemals entladen. Sie muss kontrolliert und schließlich in andere Teile des Körpers zurückgeführt werden. Tantra-Praktizierende müssen die Fähigkeit entwickeln, ihre Anlagen zur Glückseligkeit und die Glückserfahrungen, die durch das Strömen der regenerativen Kräfte in den eigenen Energiekanälen hervorgerufen werden, zu nutzen. Entscheidend ist die Fähigkeit, sich vor dem Fehler des Samenergusses zu hüten. Da es sich nicht um einen gewöhnlichen Sexualakt handelt, kann man die Verbindung zur Enthaltsamkeit herstellen.«[107]

Derlei sexuelle Praktiken mit realen Frauen, sind – gemäß dem Dalai Lama – »in Wahrheit kein Sex, auch wenn es so aussieht«.[108] Es gibt etliche Berichte von Frauen, die Erfahrungen mit hochrangigen Lamas gemacht haben. Auch der Dalai Lama verschweigt dies nicht und fordert die Schülerinnen auf, ihre Lehrmeister an diesem Punkt zurechtzuweisen. Allerdings, und hier kommt die Paradoxie hervor, würden diese Rituale »verborgen gehalten, weil es für den Geist vieler nicht geeignet ist. [...] Eine offene Verbreitung ist untersagt, und die Übenden müssen Geheimhaltung gegenüber jenen praktizieren, die keine Gefäße für diesen Pfad sind«.[109]

Mein persönlicher Eindruck beim erstmaligen Lesen von »Der Schatten des Dalai Lama« war bis zu diesem Punkt noch ambivalent. Mir schien, dass viele Hinweise für die Richtigkeit der trimondischen Thesen sprachen. Aber erst die persönlichen Recherchen zeigten, wie genau sie sich verifizieren lassen.

Die Kritiker nehmen zu Unrecht Dinge wörtlich

Mit großer Regelmäßigkeit sagen die Kritiker: Die bösen Geister, die blutigen Beschreibungen von Morden, Opfern usw. seien nur symbolisch zu verstehen.[110]

Trimondis stellen folgende These auf: Im Tantrismus ist die Unterscheidung zwischen real und symbolisch unsachgemäß. Das System funktioniert genau nach diesem Prinzip: Beides gehört zusammen. Eine Unterscheidung zwischen »innen« und »außen« gibt es nicht. Durch das Symbol kann eine Realität ausgelöst werden, genauso wie die Realität durch ein Symbol ersetzt werden kann. Trimondis belegen dies ausführlich, und ich habe keine Zweifel, dass dem tatsächlich so ist. Ihre Argumentation dünkt mich gut belegt.

Trimondis zitieren auf ihrer Homepage ausführlich Beispiele, wie namhafte buddhistische Autoren ganz nach dem Prinzip der Gefälligkeit interpretieren. Sei ein Mythos »gut«, dann dürfe er realistisch (wörtlich) verstanden und angewendet werden. Sei er hingegen »schlecht« oder »böse«, dann dürfe er nur psychologisch (symbolisch) gedeutet werden. Diese Tendenz ist richtig beobachtet. Dass jede Religion versucht, ihre Stärken zu belegen, ist selbstverständlich. Trimondi/Röttgen untermauern ihre These mit dem Argument, das Tantra lebe von der Umkehrung der Dinge – wie das auch in der mittelalterlichen europäischen Alchemie geläufig war. Der Tantra-Meister imaginiere das Böse, um es ins Gute zu transformieren. Indem er das Böse tue, »erlöse« er es in einem letzten Akt in sich selbst zum Guten. In diesem Sinne gehörten beide Seiten, die dunkle wie eben auch die helle Seite, untrennbar zusammen.

Wie weit das in der heutigen Praxis geht, lässt sich schwer nachweisen. Trimondis zitieren Quellen aus dem Mittelalter und Lebensläufe späterer Epochen, dazu noch Berichte von Tibet-Reisenden. Wie die Situation im 21. Jahrhundert aussieht – inwiefern in den Tantras heute noch reale Gewalt praktiziert wird – versuchen sie anhand der Shugden-Affäre, auf die ich weiter unten zu sprechen komme, und der Aum-Sekte aufzuzeigen. Es handelt sich dabei allerdings um die bisher einzig bekannten Ritualmorde, die im Westen wahrgenommen und dokumentiert worden sind. Bei der Aum-Geschichte wird von buddhistischer Seite jede Verbindung zu Tibet und zum Dalai Lama bestritten.

Trimondis sehen in diesen beiden Fällen ein Indiz dafür, dass die heutigen Praktiken nicht anders seien als früher. Weiter führen sie die Kultgegenstände auf, die aus Haut, Schädeldecken, Fingerknochen, Haaren usw. gefertigt sind, ganz der Ikonografie der schrecklichen Göttinnen und Götter gemäß. Dann zeigen sie ein Bild des »Sündenbockes«, eines Mannes, der mit Eingeweiden (von Tier oder Mensch?) behangen ist. Und schließlich führen sie die exzessive Magie an, die in tibetischen Kreisen betrieben werde.

Die Kritiker argumentieren, dass Teile von menschlichen Leichen überall bei den Friedhöfen frei erhältlich seien. Trimondis sehen in diesen Kultgegenständen hingegen eine Bestätigung für die realen Praktiken auf Grundlage der tantrischen Texte. Wie diffus die Sache ist, sei noch einmal am Beispiel des »Menschenfleisches« gezeigt. Die Tibetologin Amy Heller schreibt dazu:

> »Bei den Ingredienzien werden z.B. mi sha und sha chen, Menschenfleisch, genannt. Wie es Fernand Meyer ausdrückt: ›Was mi sha oder sha chen betrifft, denke ich, dass sowohl vom rituellen Standpunkt, als auch aus Sicht der Medizin (wo sie selten, heute gar nicht mehr benutzt werden), den authentischen Substanzen die stärkste Wirksamkeit zugeschrieben werden muss, auch wenn man sich wahrscheinlich in den meisten Fällen mit Ersatzstoffen begnügt.‹ […] Beg tse erhält Kampfer, Fleisch (sha chen), weißen Senf, Blut (khrag chen, menschliches Blut), spezielles Blut von einer roten Ziege, Bier – all das wird wieder zusammen zu Pillen gepresst und verbrannt.«[111]

So oder so frage ich mich: Was ist das für ein Ritus, der so mit mitmenschlichen Überresten umgeht? Warum werden nicht auch hier nur symbolische Ingredienzien verwendet? Oder überhaupt keine? Weshalb sind diese realen Dinge nötig?

Insgesamt empfinde ich die Kritik an Röttgen/Trimondi streckenweise als willkürlich. Vieles in der tibetischen Theologie, Götter- und Textwelt ist nachweislich finster und grauenhaft, voller Magie und Schrecken. Man denke nur an das »Orakel«, das regelmäßig vom Dalai Lama befragt wird, und das zu einem regelrechten »Orakelkrieg« mit anderen mönchischen Richtungen geführt hat, der schließlich mit der Ermordung des »gegnerischen« Lamas Shugden endete.

Der Westen mythologisiert Tibet, wie es gar nicht ist

Martin Brauen macht es sich zur Aufgabe, in seinem Buch »Traumwelt Tibet – westliche Trugbilder«[112] die genannte These zu vertreten. Brauen greift kritisch die westeuropäischen Kitschbilder von Tibet auf und behauptet, dass die Westeuropäer (und somit auch Trimondis) Opfer ihrer eigenen Mythen geworden seien. Tibet sei ein normales Land wie jedes andere auch. Die meisten gängigen Mythen seien eine westliche Projektion, sicherlich aber nicht ursprünglich tibetisch und schon gar nicht die des Dalai Lamas.

Trimondis antworten lapidar: Hätte Tibet nicht ein derartig mythologisches und metaphysisches Götter- und Dämonensystem, wären die Westeuropäer gar nicht dem Tibet-Boom aufgesessen. Die Tibeter selbst seien die Urheber der Mythen, Monster und Legenden. Und diese Mythen und Götterwelten seien noch bedeutend finsterer als die westeuropäischen Reflexionen und Projektionen.

Ich habe Brauens Buch ebenfalls gelesen. Nach der Lektüre von »Traumwelt Tibet« bin ich wie Trimondis zum selben

Schluss gekommen. Auf 112 Seiten wird die westliche Esoterik- und Neonazi-Szene mit all ihren Irrungen und Wirrungen hervorragend dokumentiert dargestellt. Kaum ein Kitschfilm oder -buch zum Thema Tibet, der bzw. das nicht irgendwo beschrieben und erwähnt wird. Dann folgt eine kräftige Breitseite gegen das Trimondi/Röttgen-Buch, nach dem Motto: selber schuld, wenn man diesem Mythos aufsitzt. Das hat nämlich nie jemand so gesagt! Nur ein paar Frustrierte, die nun aus Enttäuschung gegen Tibet und den Dalai Lama schießen.[113] Auf allen diesen Seiten ist die Botschaft immer dieselbe: Die tibetische Religion, so wie wir sie kennen, ist ein Konstrukt des Westens. Der tibetische Buddhismus ist nicht so! Man ist versucht zu fragen: Wie denn sonst?

Doch dann kommt die Wende. In dem Kapitel »Die Grundlagen des Traums« liest man mit Erstaunen:

> »Im Folgenden soll aufgezeigt werden, dass das Tibetbild des Westens auch von tatsächlichen tibetischen Vorstellungen und Praktiken beeinflusst wurde.«[114]

Und jetzt folgt Schlag auf Schlag genau das, was zuvor als westliche Traumwelt dargestellt worden ist: die fliegenden Lamas, das dritte Auge, die Jungbrunnen, der *Shambhala*-Mythos mit dem Endzeitkrieg, gewaltsamer Sex mit Frauen, Yetis, Ritualdolche zur Zerstörung der Feinde des Buddhismus, die makabren grausigen Ritualgegenstände und Bilder usw. Doch hier wird alles trivialisiert! So sei das natürlich nicht gemeint ... Wer nicht wirklich eingeweiht sei, verstehe das Ganze nicht. Beim *Shambhala*-Mythos versteigt sich Brauen immerhin zur vorsichtigen Frage:

> »Ob hier die Idee eines buddhistischen heiligen Krieges mitschwingt, der so lange ein friedlicher und richtiger Krieg ist, als er zur Verteidigung der eigenen Religion dient?«[115]

Oder die Sache mit dem Ritualdolch (*phurbu*):

> »Diese rituellen ›Tötungen‹ sind nach buddhistischer Auffassung zulässig, falls sie mit der richtigen Gesinnung erfolgen, nämlich mit dem Gefühl des Mitleidens, denn sie bewirken die Zerstörung des Bösen und die Verbreitung des Guten.«[116]

Das sollte jeder zweimal lesen. – Die Tibeter sind die Opfer des Westens! So lautet die Parole von Brauen. Sie würden aus Toleranz dem Westen gegenüber »Opfer« der eigenen Mythen. Zwar unterstützen die Tibeter diese Mythen selber aktiv: »Die Tibeter prägen die Tibet-Mythen somit nicht nur durch ihre alten Legenden eines mystischen sakralen Tibets [!], sondern seit dem Leben in der Diaspora vermehrt auch dadurch, dass sie sozialpolitische Werte, die dem Westen lieb und teuer sind, aufnehmen und geschickt auf Tibet übertragen. Sie beteiligen sich zunehmend an der Konstruktion der Traumwelt Tibet.«[117] Aber dass dies so sei, liege nicht an den Mythen und Inhalten selber, sondern an den Westlern: »Die Gründe dafür sind primär bei den Westlern zu suchen, bei ihrer selektiven Wahrnehmung und ihrem fast ausschließlichen Interesse am Dharma oder dem, was sie für das Dharma halten.«[118]

Brauen tritt als mahnender Kritiker auf, der immer wieder vor Extremen oder Missverständnissen warnt. Wie aber alles wirklich ist, das sagt er nicht. Beim genauen Hinsehen erscheint seine »Aufklärung« meiner Meinung nach eher als Verschleierung. Die zentralen Kritikpunkte werden nicht wirklich aufgegriffen. Und – das ist das Auffälligste – die religiöse Rolle des Dalai Lamas wird praktisch ausgeblendet. Schuld hätten nur die andern. Zum Beispiel Robert Thurman, der unumwunden von einer weltweiten »coolen« Revolution der Buddhokratie mit dem 14. Dalai Lama an deren Spitze träumt. Thurman wird von Brauen als Fantast abgetan.[119] Merkwürdigerweise aber findet sich in Thurmans Werk

»Revolution von innen«[120] eine deutliche Empfehlung des Dalai Lamas. Dieses kommentiert er nämlich so:

> »Ich zolle ihm [Thurman] Lob für seine sorgsame Untersuchung und seine klaren Ausführungen und lege Ihnen [dem Leser] ans Herz, über seine Einsichten nachzudenken.«[121]

Ähnlich einseitig scheint mir, wie Brauen Werbeauftritte des 14. Dalai Lama kommentiert. Man hat das Gefühl, dass jener gar nichts dafür könne, dass man ihn vor einen weltmissionarischen Karren spannt, und eine willenlose Marionette in den Händen des Westens sei. Zum Beispiel die Apple-Computerwerbung[122], auf welcher der Dalai Lama mit dem Slogan »Think different« abgebildet ist. Immer nur lautet die Botschaft: »Das ist die Schuld westlicher Träume!« Nur: Ohne ausdrückliche Einwilligung der abgebildeten Person wäre diese Werbung gar nicht möglich gewesen. So geht es seitenweise weiter.

Brauens »Aufklärung« ist eine sehr zwiespältige. Einerseits fundiert und gut illustriert, was die westlichen Beispiele betrifft. Andererseits schweigt er aber gerade dort, wo es um wirkliche Klärung gehen müsste.

An diesem Punkt entwickeln Trimondi/Röttgen eine interessante These auf ihrer Homepage[123]: Weil die tibetische Szene spüre, dass der Mythos vom reinen und paradiesisch spirituellen Tibet allmählich hinterfragt werde, übernähmen protibetische Kreise gleich selber die Rolle des Kritikers. Allerdings so, dass der Dalai Lama nicht in Verdacht gerate und die Leute glauben sollten, heute sei natürlich alles ganz anders. Man wird bei Brauens Buch den leisen Verdacht nicht los, dass Trimondi/Röttgen tatsächlich recht haben könnten. Auf den Seiten 255 bis 258 werden ein paar Beispiele angeführt, in denen tibetische Kreise ihr System kritisch hinterfragen. Brauen erwähnt auch, wie Kritiker des verklärten Tibetbildes von den tibetischen Kreisen selber gerne heruntergemacht würden: »So werden Kritiker, die von der

Meinung der exiltibetischen Regierung abweichen, schnell als prochinesische Propagandisten abgestempelt oder – seit dem erneuten Ausbruch der Dorje-Shugden-Affäre in der Mitte der 90er-Jahre – als Unterstützer der abtrünnigen religiösen Sekte tituliert.«[124]

Das klingt nach ehrlicher Selbstkritik. Nur eben: Der eigentliche Kern der Auseinandersetzung bleibt dabei ausgespart: die Frage nach dem spirituellen Verhältnis zwischen Mann und Frau. Außerdem die Frage nach dem Stellenwert des *Shambhala*-Mythos im *Kalachakra*-Tantra und die Verbindungen zum (Neo-) Faschismus. Darüber hinaus die Rolle des 14. Dalai Lama in diesem Szenario und die Bedeutung der weltweit öffentlichen inszenierten tantrischen Riten. Dazu die Initiation von Tausenden von westlich geprägten Menschen. Die Horrorwelt von Göttern, Dämonen und rituellen Beschwichtigungszeremonien (bis hin zu Geisterfallen!).

Ist der tibetische Buddhismus tatsächlich Opfer einer westeuropäischen Projektion geworden? Oder beinhaltet er in sich Mythen, Bilder und Vorstellungswelten, die derartige »Projektionen« geradezu provozieren müssen?

Wie zum Beispiel bei der Aum-Sekte oder der Shugden-Affäre? Oder beim Faschismus alter und neuer Spielart? Ist diese Gedankenwelt nur ein harmloses Gruselspiel symbolischer Akte? Oder ist sie real gemeint mit messbaren und vorhersehbaren Spuren in Raum und Zeit?

Inwiefern ist es legitim, im Tantrismus zwischen »real« und »symbolisch« zu trennen? Bedingt das eine nicht gerade das andere und umgekehrt? Ist es möglich, dass das *Kalachakra*-Tantra spirituelle Folgen haben kann, die alles andere als nur »symbolisch« zu verstehen sind – was ja die Texte auch sagen?! Ist der 14. Dalai Lama wirklich der nüchterne, aufgeklärte Buddhist, der eine westeuropäische Sicht von Frieden, Demokratie und Gleichberechtigung vertritt? Wie ist das möglich bei einem Würdenträger, der als Gottkönig verehrt wird und sich selbst als Reinkarnation anderer Gottkönige sieht? Fragen über Fragen. Genau an diesen zentralen Punkten bleiben uns Autoren wie Brauen oder von Brück eine schlüssige Antwort schuldig.

III. Teil: Auf dem Prüfstand

Verschiedene Stimmen zum Thema

Nach so vielen Anstößen stellte sich mir die Frage: Was ist von all dem zu halten? Vieles an der Kritik des tibetischen Buddhismus blieb ja unwidersprochen. Manches klingt sehr extrem. Bestätigen sich die Aussagen von Trimondi/Röttgen auch andernorts? Um das herauszufinden, habe ich mich an verschiedenen Orten nochmals selber umgesehen.

Wenn man sich in das Thema einlesen möchte, tut man das am besten bei tibetischen Autoren. Eindrücklich ist die Autobiografie von Tashi Tsering »The Struggle For Modern Tibet«.[125] Tsering war ein Mitglied der persönlichen Tanztruppe des Dalai Lama und diente als *drombo* (ein passiver Sexualpartner) einem ranghohen Mönch im vorchinesischen Tibet. Trotz seiner Liebe zu Land und Leuten portraitiert er mit schonungsloser Offenheit eine mittelalterliche Feudalgesellschaft, die meilenweit vom romantischen *Shangri-La* entfernt ist. Die Lektüre ist sehr ernüchternd aber hilfreich. Sie zeigt auf, was man ja eigentlich mit etwas gesundem Menschenverstand sehr schnell erahnt: In der tibetischen Kultur gibt es Licht und Schatten – wie in jeder Kultur. Und die religiösen Bräuche und Sitten sind in etwa so, wie es ihre Ikonografie erwarten lässt.

Natürlich habe ich auch in Basel interessante Beobachtungen gemacht, die mich nachdenklich stimmten. So staunte ich z.B. darüber, wie naiv das *Kalachakra*-Tantra den Besuchern der Tibet-Ausstellung verkauft wurde. Es gehe einfach um einen »Segen«.[126] Was da genau abläuft, wer wem warum was opfert bzw. worin der Segen denn eigentlich besteht, wurde nicht erklärt.

Auf die Bitte um Auskunft über das Trimondi-Buch empfahl man mir »seriöse, wissenschaftliche« Literatur. Die empfohlenen Verfasser, so zeigte sich, sind europäische, in das *Kalachakra*-Tantra eingeweihte Buddhisten mit Verbindungen zum Dalai Lama: Professor Dr. Michael von Brück z.B. lehrt Religionswissenschaft an der Universität München und war Dekan der Evangelisch-Theologischen Fakultät. Nach einem Studium von Theologie, Sanskrit und indischer Philosophie ließ er sich in tibetischen Klöstern Indiens sowie in Zen-Klöstern Japans in den Buddhismus einführen. Von Brück wird deswegen in der Szene als ein buddhistischer »Eingeweihter« betrachtet und präsentiert sich dort auch gerne so. Noch heute lehrt er regelmäßig Yoga und Zen. Schon seit Jahren besteht ein enger Kontakt mit dem 14. Dalai Lama. Unvoreingenommen ist er also nicht.

Oder Martin Brauen, Autor von »Traumwelt Tibet – westliche Trugbilder«, der zum Boykott des Buches »Der Schatten des Dalai Lama« im ORF aufgerufen hatte. Brauen ist selber praktizierender Buddhist, mit einer Tibeterin verheiratet, hat ein Buch über das *Kalachakra* geschrieben sowie mehrere Filme dazu produziert. Auch er ist nicht unparteiisch.

Georg Schmid, Spezialist für Sekten und Religion, schreibt über das Buch von Trimondi:

> »Herbert und Mariana Röttgen, das unter dem Pseudonym Trimondi publizierende Autorenpaar, reißt ein vom modernen Tibetmythos geblendetes Publikum nicht nur aus seinem nostalgischen Traum vom allseits friedlichen, nie gewalttätigen, durchwegs frauenfreundlichen und alle dunklen Kräfte im Menschen in helle Energien verwandelnden tibetischen Buddhismus. In dem mehr als 800 Seiten umfassenden Band werden auch die an sich auch im Westen immer bekannten dunklen, okkulten, sexualmagischen, frauenfeindlichen, faschismusnahen, kriegerischen und politisch totalitären Aspekte des tibetischen Buddhismus mit einem seiner wesentlichsten Ritualtexte, mit dem Kalachakra-Tantra, verbunden.
> Die Schattenseiten des tibetischen Buddhismus sind in diesem Kontext betrachtet keine Unfälle in der Geschichte einer an

sich restlos friedlichen Spiritualität, sondern folgerichtiger Ausdruck einer Religion und einer Kultur, die ihre Schatten nie nur in Licht auflösen wollte, sondern ihnen eine verhängnisvolle Eigendynamik zugesteht. Die für den westlichen Tibetromantiker so unverständlichen Ausbrüche der Gewalt im Umfeld des tibetischen Buddhismus und des Dalai Lamas – man denke an den opferreichen und immer noch nachwirkenden Kampf zwischen Rotmützen und Gelbmützen in der Zeit des 5. Dalai Lamas, an die sog. Shugden-Debatte der letzten Jahre, an den noch andauernden Streit um die wahre Reinkarnation des neuen Karmapa, an die Unterstützung, die der Dalai Lama dem japanischen Sektenguru Shoko Asahara gewährt oder an die militärischen Ambitionen der Brüder des Dalai-Lamas – alle diese »absurden« Vorkommnisse sind nicht mehr Blitze aus einem heiteren Himmel, ohne Vorgeschichte und ohne Nachhall.
Der einerseits lächelnd bestrittene und andrerseits unbefragt wahrgenommene Machtanspruch des Dalai Lama gründet, wie viele andere scheinbare Widersprüche, in der spirituellen und politischen Tradition Tibets und ist nur zu verstehen, wenn die moderne Tibetbegeisterung einer realistischeren Beschäftigung mit jener Kultur und Religion weicht, die wie jede andere ihre Licht- und Schattenseiten pflegte und pflegt.
Das Urteil des Lesers zu dieser ausführlichen Beschäftigung mit den Schattenseiten des tibetischen Buddhismus steht und fällt mit der Bereitschaft, auf Nostalgie zu verzichten und sich zuzugestehen, dass es in der Welt des Menschen die restlos friedliche Kultur oder Religion nie gab und nie geben wird. Wer die Illusion vom durchwegs friedlichen Buddhismus nicht preisgeben kann oder will, kann im Werk des Autorenpaares nur eine finstere Abrechnung enttäuschter ehemaliger Freunde des tibetischen Buddhismus sehen. Wer keine Illusionen braucht, schätzt das umfangreiche Werk als Beitrag zu einer längst fälligen Korrektur.«[127]

In der Folge meiner Recherchen habe ich weitere Literatur gelesen. Zum Beispiel »Buddhistische Mysterien« von Helmut von Glasenapp – einen Klassiker sozusagen. Auch dort finden sich alle diese Dinge wieder. Sowohl was die Stellung zum Guru anbetrifft[128], als auch das Gesetz der Umkehrung im Tantrismus[129]. Oder das Thema Mord.[130] Dann auch die Frage nach realen oder imaginierten Vorgängen.[131] Auch die *Mandala*-Politik wird dort behandelt.[132] Der sprachliche Umgang mit diesen Phänomenen kann für einen westlich orientierten Leser sehr befremdlich sein:

> »Besteht der Grundsatz, dass die Vereinigung mit einer Frau das Bewusstwerden der überirdischen Seligkeit des aller Vielheit transzendenten All-Einen ermöglicht, so ist es das Gegebene[133], dass der erlösungsstrebende Heilssucher eine Verbindung mit einer geeigneten Frau eingeht, mit welcher er den Weg zur Erleuchtung gemeinsam durchmisst. Über die Eigenschaften, welche eine Frau besitzen muss, die diesem hohen Ziele dienen kann, machen die Texte genaue Angaben. Sie soll schön und dem Sâdhaka lieb sein; empfohlen wird ein Alter von zwölf bis sechzehn Jahren, was demjenigen entspricht, in welchem in Indien ein Mädchen die eheliche Gemeinschaft aufnimmt.«[134]

Glasenapp kritisiert zwar etliches und verbannt es in das Reich der Symbolik. Aber liest man genau, lässt sich das auch bei seinen Darstellungen nicht durchhalten. Denn ein paar Seiten später klingt es dann eben doch anders. Liest man zudem in seinem Buch »Die fünf Weltreligionen« nach, merkt man rasch, dass er wohl auch nicht allzu große Stücke auf die tibetische Spielart des Buddhismus hält:

> »Das Vajrayana hat zwar seit der zweiten Hälfte des ersten Jahrtausends in der ganzen buddhistischen Welt Anhänger gefunden, stieß aber namentlich in seiner erotisierten Form

> auf heftigen Widerstand bei den traditionstreuen Bekennern des Kleinen wie des Großen Fahrzeugs. Es ist daher heute, von den reinen Formen der japanischen Shinghon- und Tendai-Schule abgesehen, nur noch in gewissem Umfange in Nepal und im Bereich des Lamaismus lebendig. Da es von der überwältigenden Mehrheit der Buddhisten als eine Verfälschung der wahren Buddhalehre abgelehnt wird, braucht es bei dieser Gesamtbetrachtung der Dogmatik nicht eingehend berücksichtigt zu werden, umso mehr, da der interessierte Leser auf die eingehende Darstellung in meinem Buche ›Buddhistische Mysterien‹ verwiesen werden kann.«[135]

June Campbell, eine Insiderin des tibetischen Buddhismus, die jahrelang die geheim gehaltene Liebesdienerin des berühmten Kalu Rinpoche war und selber Tibet und dessen Sprache kennt, schrieb Ähnliches in ihrem Buch »Göttinnen, Dakinis und ganz normale Frauen«.[136] Campbell bestätigt, was Trimondi/Röttgen behaupten. In einer sehr differenzierten religionssoziologischen Studie weist sie nach, wie die Frau in den letzten 500 Jahren tibetischer Religionsgeschichte sukzessive verbannt und degradiert wurde. Sie bestätigt ebenfalls die makabren und sexistischen Seiten des Systems. Zwei Beispiele daraus:

> »Milarepa weist in seiner Biografie immer wieder darauf hin, dass reale sexuelle Aktivitäten für den praktizierenden Yogi unverzichtbar seien. ›Im höchsten Tantra heißt es, [dass der qualifizierte Yogi] die Mägde des Himmels anlocken sollte … Und es heißt darin auch, dass die beste unter allen Übungen Karma-Mudra ist.‹ Longchenpa schreibt: ›Ohne erleuchtetes Verstehen, das nur durch Kontakt zu einer Mudra werden kann, bleiben wir an die dreifache Welt gefesselt.‹ Auch der Mystiker Naropa stellt fest: ›Ohne Karma-Mudra keine Mahamudra‹, und bestätigt damit die Vorstellung, dass männliche Übende ohne sexuellen Verkehr mit einer realen Frau –

im Gegensatz zu einer lediglich visualisierten, imaginären sexuellen Beziehung in der Meditationspraxis – nicht die vollständige Erleuchtung erlangen können.«[137]

Und zum Thema makabre Rituale:

»Im tantrischen Buddhismus werden Schädel und Oberschenkelknochen vielfach bei Zeremonien und Ritualen verwendet. Insbesondere der Oberschenkelknochen einer sechzehnjährigen Jungfrau soll sich besonders gut für den Gebrauch als Kangling (tibet.: rkang.gling), als Knochentrompete, die in Ritualen gespielt wird, eignen.«[138]

Campbells Schlussfolgerungen lassen sich folgendermaßen zusammenfassen: Die Ausbeutung der Frau als spirituelles »Hilfsmittel« zur Erleuchtung männlicher Lamas hat in den letzten fünfhundert Jahren des tibetischen Buddhismus tiefer liegende Gründe. Es geht nicht einfach um ein paar »Fehltritte« einiger sexlüsterner Lamas. Es geht um ein patriarchalisches System, das die Frau symbolisch und spirituell – aus westlicher Sicht gesehen – im tibetischen Buddhismus vollkommen entmündigt und verdrängt.

Mircea Eliade (1907-1986), rumänischer Begründer der Schamanismus-Forschung, schreibt in seinem Standardwerk »Yoga« über das berühmte *Guhyasamâja*-Tantra:

»Das Kulârava-Tantra (VIIII, 107ff) sagt sogar, dass die höchste Vereinigung mit Gott nur durch die geschlechtliche Vereinigung zu erreichen ist. Und das berühmte Guhyasamâja-Tantra behauptet peremtorisch: ›Niemand vermag die Vollendung mittels schwieriger und langweiliger Operationen zu erreichen, die Vollendung erreicht man vielmehr ganz leicht durch die Befriedigung aller Begierden‹. (hrsg. Von Bhattacharyya, Baroda, 1931, S. 27) Im selben Text heißt es weiter, dass Luxus erlaubt ist (so ist es z.B. erlaubt, jedes

Fleisch einschließlich des Menschenfleisches zu essen, S.26 usw.). Der Tantriker dürfe jedes Tier töten, lügen, stehlen und ehebrechen usw. (S.20, 98, 120ff)«.[139]

Zum Thema Sex mit Frauen habe ich auch bei Martin Brauen an anderer Stelle nachgelesen:

»Während des Fünften Yoga stellt sich der Meditierende vor, er selbst sei Kalachakra und vereinigt sich mit den fünf weiblichen Tathagatas und den zehn Shaktis. Diese Vereinigung kann tatsächlich erfolgen (Karma Mudra), mit einer nur visualisierten Partnerin (Jñana-Mudra) oder mit dem leeren Körper Vishvamatas (Maha-Mudra), je nachdem, ob der Praktizierende dumpfe, mittlere oder scharfe Geistesfähigkeiten besitzt.«[140]

Die Wortwahl hier ist bemerkenswert: Da bekanntlich jeder Schüler als Anfänger beginnt (»dumpf« ist!), muss er so oder so mit einer realen Frau praktizieren!

Gen Lamrimpa Jampal Tenzin, ein ranghoher tibetischer Lama, beschreibt in seinem vom Dalai Lama empfohlenen Buch »Kalachakra – Die drei Zyklen der Zeit« ziemlich genau und direkt die Dinge, die von den westlichen Adepten nur verschleiert wiedergegeben werden:

»Die Übung einer Person mit geringen Fähigkeiten erfordert eine Karma-Mudrã, eine wirkliche Gefährtin. Der Praktizierende und die Gefährtin treten in die Vereinigung ein, und ihre Energien werden in der Vasen-Meditation miteinander verbunden.[141] [...] Was die Gefährtin betrifft, so ist hierzu nicht jede Frau geeignet. Am besten ist es, wenn die Frau die Emanation einer Dãkini ist.[142] Wenn man keine Emanation einer Dãkini finden kann, dann ist es das Nächstbeste, eine Karma-Mudrã zu finden, die die Vollendungsstufe verwirklicht hat. Ist so eine Frau nicht verfügbar, dann sucht man nach einer Karma-Mudrã, die eine Verwirklichung auf der Erzeugungsstufe erreicht hat. Lässt sich auch eine solche Karma-Mudrã nicht finden, wählt man eine, die sich auf dem allgemeinen Pfad geübt und ihn gewissenhaft praktiziert hat, die vollständige und authentische Initiation hat und die Gelübde und Gelöbnisse strengstens befolgt. Nach dem Kãlachakra-System ist es auch in Ordnung, wenn die Gefährtin eine ältere Frau ist (ohne besondere Altersgrenze)[143], wohingegen nach dem Ghyansamãja- und Caskrasamvara-System eine ältere Frau als Gefährtin als unangemessen gilt. […] Es gilt daher nicht jede Karma-Mudrã als geeignet. Die Karma-Mudrã muss über einige besondere Qualitäten verfügen. Ist der Mann ein hoch verwirklichter Yogi, der die Bewegung der Tropfen kontrollieren kann, so sind die Eigenschaften der Karma-Mudrã nicht so wichtig.«[144]

In der höheren geheimen Initiation übergibt der Schüler seine Gefährtin dem Guru:

»Der Guru und die Gefährtin vereinen sich, und die von seinem Herzen ausgehenden Lichtstrahlen rufen alle Mandala-Gottheiten herbei, einschließlich Kãlachakra mit Gefährtin. […] Der Guru nimmt zuerst einen Tropfen des weißen Bodhicitta [d.h. Samen, d.A.] und platziert ihn in den Mund des Schülers. Dann nimmt die Gefährtin einen Tropfen des roten Bodhicitta aus ihrem Lotus [beziehungsweise weiblichen Organ] und platziert ihn in den Mund des Schülers. […] Aufgrund unseres starken Verlangens und der damit einhergehenden großen Freude schmilzt der weiße Bodhicitta in uns; wir erfahren Glückseligkeit, die wir wiederum auf die Leerheit richten. Durch diese Erfahrung empfangen wir die geheime Initiation.«[145]

Dann muss kräftig geübt werden, um den Samenerguss zu verhindern:

»Wenn der Tropfen des weißen Bodhicitta an der Spitze des Vajra [d.h. Penis, Anm. d.A.] angelangt ist, wird er durch die Silbe Phat blockiert, und weil er nicht ausgestoßen wird, erfährt man innewohnende oder angeborene Glückseligkeit. Diese Praxis nennt man Bindu-Yoga. [...] Mit ein wenig Übung wird dies sicherlich den weißen Bodhicitta [d.h. Samen, Anm. d.A.] dazu bringen, in umgekehrte Richtung zu fließen – und sollte dies nicht beim ersten Mal geschehen, so doch bei den nächsten Malen. Es wird im Verlauf der Praxis erreicht.«[146]

Was die Opfer an die Gottheit anbetrifft, tauchen auch hier wieder eher ungewöhnliche Gaben auf. Der Text lässt dabei offen, ob es sich nur um Visualisationen handelt:

»Zusätzlich gibt es siebenunddreißig ungewöhnliche Opfergaben. In der Erzeugungsstufe von Kālachakra gibt es Mandalas von Körper, Rede und Geist, die jeweils mannigfaltige Opferungen beinhalten, die im Folgenden dargestellt werden: Samen oder weißer Bodhicitta, Urin, Blut und Fleisch werden in ihrem gereinigten Aspekt als die fünf Mütter oder die fünf Gefährtinnen dargebracht. [...] Die acht Substanzen Eiter, Schleim, Läuse, Organismen im Körper, Lymphflüssigkeiten, Fette, Poren und Haare werden zu den acht Yoginis. [...] Gedärme, Galle, Knochen, Mark, Leber, Lungen, feinstoffliche Kanäle, Haut, Herz und Körperfett transformieren in die zehn zornvoll erscheinenden Gottheiten (skt. krodhas). [...] Die geheime Opfergabe beinhaltet sowohl die Darbringung einer vollkommen qualifizierten, authentischen Gefährtin, als auch die Gabe der Vereinigung mit dieser Gefährtin.«[147]

Der Schleier lüftet sich allerdings nicht, denn an der entscheidenden Stelle heißt es zwielichtig:

> »Man bringt tatsächlich materielle Opfergaben sowie vorgestellte Gaben dar. Im Zusammenhang mit dem Tantra ist es unangemessen, nur gewöhnliche Gaben zu opfern.«[148]

Dass nach tibetischem Verständnis unsere gegenwärtige Zeit als Zeit des Kampfes und der spirituellen Auseinandersetzung zwischen den Systemen gesehen wird, erfährt man in einem anderen Zusammenhang:

> »Im Zeitalter des Konflikts – unserem gegenwärtigen Zeitalter – müssen wir das Mantra 400.000 Mal rezitieren, um uns für die Praxis zu qualifizieren oder die Reinigungsklausur vollständig zu durchlaufen. Offenbar war es im Zeitalter der Erfüllung möglich, in sechs Monaten eine solche Klarheit zu erlangen, für die wir heutzutage angesichts der sogenannten vierfachen Degeneration etwa zwei Jahre brauchen.«[149]

Immerhin findet Tenzin ziemlich klare Worte, wenn es um die spirituellen Realitäten der Götter und Dämonen geht. Er warnt eindringlich davor, in diesen Dimensionen ohne die Hilfe eines erfahrenen Gurus zu üben:

> »Man sollte keine dieser Erscheinungen für etwas Außergewöhnliches halten. Der Yogi, der mit dieser Übung beginnt und mit dieser Praxis weder richtig vertraut ist, noch eine richtige Führung hat, mag genau diesen Fehler begehen, wenn alle diese Dinge vorkommen. Dies kann jedoch sogar zu einer Geisteskrankheit führen.«[150]

Warum – so möchte man fragen – können Menschen wahnsinnig oder besessen werden, wenn es sich bei den Visualisationen doch nur um Trugbilder handelt? Etwas später greift der Guru die Gefahren der tantrischen Techniken erneut auf:

> »Zudem bekommt man während des Schlafs – allerdings nicht im eigentlichen Traumzustand – vielleicht das Gefühl, von allen Seiten bedrängt zu werden – von Lebewesen oder irgendwelchen Gegenständen, was beklemmend sein kann. Zu diesem Zeitpunkt kommt große Angst auf. Es ist von entscheidender Bedeutung, solche Zustände und Erfahrungen im Voraus zu erwarten und sich vorzunehmen, dass man sich – sollten sie auftreten – keinesfalls von Furcht, die ziemlich stark sein kann, überwältigen lässt. Andernfalls – sollte dies mitten in der Nacht geschehen – kann man erleben, dass man schreiend aus dem Haus rennt. Dies kann gefährlich sein.«[151]

Wer etwas mit den verschiedenen Yoga-Techniken vertraut ist, weiß, dass derartige Phänomene kein Sonderfall sind (z.B. im Kundalini-Yoga).

Extrem heftig und polemisch ist die Kritik am lamaistischen System in Colin Goldner's Buch »Dalai Lama – Fall eines Gottkönigs«.[152] Goldner ist Atheist, klinischer Psychologe und Wissenschaftsjournalist. Er hat für sein Buch Tibet, Indien und China mehrfach bereist. Auch hier begegnen wir den schon bekannten Themen: Ausbeuterischer Sex mit realen Frauen[153], Einnahme von abartigen »Substanzen«[154]: Schafft der Tantriker es nicht, seinen Samenerguss beim Sex zurückzuhalten, so sei das Sperma mit der Zunge oder mit dem Finger aus der Vagina zu entfernen und zu schlucken. Erlaubt sei in solchem Falle auch, das Ejakulat aus der Vagina in einen Totenschädel fließen zu lassen und diesen dann leer zu schlürfen[155]. Dies gelte allerdings nur für die niedrigeren Stufen. Auf den höchsten Stufen der Einweihung kann und darf der Praktiker nach Belieben ejakulieren. Mittels bestimmter Techniken, *Vajroli* genannt, sei es ihm möglich, den in die Vagina seiner »Weisheitsgefährtin« entlassenen Samen, vermischt mit deren Fluiden – Vaginalsekrete und/oder Menstruationsblut –, durch seinen »Peniskanal zurückzuziehen«. »Nachdem er ausgeströmt hat«, so ein tantrischer Text, »saugt er ein und sagt: durch meine Kraft, durch meinen Samen nehme ich deinen Samen – und sie ist ohne Samen.«[156]

Goldner zitiert Thomas Hoppe, wissenschaftlicher Mitarbeiter des Hamburger Instituts für Asienkunde. Hoppe beschrieb 1995 die Zustände in den Klöstern folgendermaßen:

> »Homosexualität unter Mönchen, zwischen Lehrer und Schüler, sexuelle Beziehungen zwischen Mönchen und Nonnen, zwischen Mönchen und Frauen außerhalb des Klosters gehören zum Alltag dieser religiösen Anstalten ebenso wie weltliche Geschäfte, Betrug und Machtkämpfe.«[157]

Auch hier begegnen wir den grauenhaften Meditationsobjekten tibetischer Tantriker:

> »Der holländische Anthropologe und Buddhismusforscher Fokke Sierksma beschreibt die Meditationszelle eines tibetischen Lama, die mit Menschenhäuten ausgespannt sowie mit Menschenhaar und Menschenknochen ausgeschmückt war. Auf einer Leine hingen abgeschnittene und getrocknete Frauenbrüste; auch das Essgefäss des Lama bestand aus der getrockneten Haut einer Frauenbrust. Die Bestandteile seiner Behausung und seiner Einrichtungen, so Sierksma, hatte der Lama vermutlich von Leichenzerstücklern bezogen.[158] Die Ritualgegenstände der Lamas (vor allem der eremitär lebenden) bestanden und bestehen überwiegend aus menschlichen Organen und Knochen.«[159]

Und schließlich räumt Goldner radikal mit dem Klischee der bösen Chinesen auf, die das wunderbare spirituelle Tibet auf grausame Weise zerstört hätten. Goldner beschreibt seitenweise, in welch elendem Zustand die durchschnittliche Bevölkerung unter der Herrschaft der religiösen Elite vor sich hinvegetierte. Historisch gesehen sei es sogar umgekehrt gewesen: Tibet versuchte, China zu beherrschen. In dem Kapitel »Impressionen aus Dharamsala« werden Beobachtungen beschrieben, die so manchem westlichen Buddhismus-Fan die Freude verderben. Zum Beispiel:

> »In der Tat finden sich in McLeoadGanj mehrere von Indern betriebene Metzgereien, deren Hauptkundschaft aus tibetischen Mönchen und Nonnen besteht. Es mutet den Beobachter reichlich seltsam an, wenn ausgerechnet Buddhisten, denen ja besondere Achtung vor dem Leben zugesprochen wird, Plastiktüten voll blutigen Schlachtfleisches nach Hause tragen.«[160]

Goldner beschreibt sehr detailliert die Beziehung des Dalai Lama zu Shoko Asahara (dem Giftattentäter von Tokio), die alles andere als ein unglücklicher Zufall gewesen sei.[161]

Dass der *Shambhala*-Krieg und Feindseligkeiten gegenüber anderen Religionen auch in den buddhistischen Gelupga-Klöstern gelehrt werden, weiß P. Jeffrey Hopkins, Professor für Tibetologie, zu berichten:

> »So gilt ein bestimmter Lehrbuchautor als Verkörperung des indischen Gelehrten Buddhapalita, der in entfernter Zukunft der kommandierende General der Truppen von Shambhala sein wird, die die Welt vor den Barbaren retten und ein Zeitalter des Buddhismus einläuten werden, währenddessen keine andere Religion Bedeutung erlangen wird. Solche Geschichten werden den Studenten immer wieder erzählt, bis sie, wie mir ein Lama über seine Studienzeit berichtete, schließlich annehmen, die Mitglieder des andern Kollegiums seien kaum besser als Nicht-Buddhisten! Und was könnte schon schlimmer sein?«[162]

Gerhardt W. Schuster ist ein weiterer Spezialist für den tibetischen Buddhismus und hat ein Standardwerk über tibetische Kulturgüter verfasst. Als promovierter Ethnologe und Kulturhistoriker ist er wissenschaftlicher Leiter der Ausstellung »Geheimnisvolle Welt des alten Tibet« auf der Schallaburg in Niederösterreich. In seinem Buch »Das Alte Tibet – Geheimnisse und Mysterien[163]« begegnet man all den Dingen, die z.B. Martin Brauen früher bagatellisiert oder als westliche Schauermär abgetan hat. Mit Begeisterung berichtet Schuster genau von all den Dingen, die uns schon im »Der Schatten des Dalai Lama« begegnet sind: Orakelmethoden, fliegende Dolche, Schnellläufer (Menschen, die sehr schnell riesige Distanzen laufen können, ohne zu ermüden), Hellsehen, Doppelgänger, lebende Tote, Schadzauber, Giftmischerei, Pillen usw. Allerdings bleibt er in seinem Buch stets an der Oberfläche, redet von »Mysterien« und nennt gerade die fragwürdigen Dinge selten oder nie beim Namen. Er redet immer in der Vergangenheitsform, so als ob diese Dinge mit einigen Ausnahmen nicht mehr existent wären. Immerhin existierte »das alte Tibet« bis 1959! Auf jeden Fall widerlegt Schuster durch seine Abhandlungen mit aller Deutlichkeit Brauens These.

Man mag Lama Anagarika Govinda (alias Ernst Lothar Hoffmann) mit ambivalenten Gefühlen gegenüberstehen. Einerseits gehört er zu den psychologisierenden Interpreten tibetischer Rituale. In diesem Sinne wird er auch gerne hinzugezogen, um Kritiker zu besänftigen. Andererseits aber schwärmt er doch sehr explizit von den für ihn realen magischen Fähigkeiten der Gurus und Yogis:

> »In gewisser Hinsicht war jedoch meine Unkenntnis dieser Sachlage ein großer Vorteil, denn sie erlaubte mir, unvoreingenommen und unbeeinflusst durch die Meinungen anderer, durch eigene Erfahrung die außergewöhnlichen Eigenschaften des Guru zu beobachten und mich davon zu überzeugen, dass er wirklich jene yogischen Kräfte (siddhi) besaß, wie sie

den Heiligen der Vergangenheit zugeschrieben wurden. […] Dass der Guru darauf reagierte, selbst in einem Augenblick, in dem er von anderen Dingen in Anspruch genommen war, überzeugte mich davon, dass er nicht nur imstande war, die Gedanken anderer wahrzunehmen, wenn er seine Aufmerksamkeit auf sie richtete, sondern dass er jene Fähigkeit besaß, die in den buddhistischen Schriften als das ›göttliche Ohr‹ beschrieben wird, d.h. also die Fähigkeit, an ihn gerichtete Gedanken zu hören wie andere Menschen das gesprochene Wort.«[164]

Und über die Mysterienspiele meinte er:

»Diese Mysterienspiele waren nicht bloß theatralische Vorführungen für eine schaulustige Menge, sondern sie bedeuteten den Einbruch einer höheren Wirklichkeit in den menschlichen Bereich kraft magischer Riten, durch die Wesen einer geistigen Welt beschworen wurden, sich in den Trägern ihrer Symbole, die sich für eine Zeitlang ihrer eigenen Persönlichkeit entkleidet hatten, zu manifestieren.«[165]

Ähnliches lässt sich etwas später auch über die Orakelgötter nachlesen.[166] Kein Zweifel: Lama Govinda bleibt nicht im Symbolismus verhaftet. Was allerdings die Menschenopfer anbetrifft, so bestreitet er sie klar und deutlich:

»Padmasambhava, einer der weisesten Lehrer aller Zeiten, gab auf diese Weise dem magischen Ritual, das von den Bönpriestern seit undenklichen Zeiten von Generation zu Generation weitergegeben worden war, eine Bedeutung. Statt der blutigen Opfer, mit denen der Mensch die dunklen Mächte, die sein Dasein zu vernichten drohten, zu beschwören [sic!], trat das Opfer der Selbstüberwindung. Das menschliche Herz war so zur Bühne des Universums geworden, und

> dieser Wandel wurde in der Symbolik der Mysterienspiele dadurch ausgedrückt, dass anstelle eines lebendigen Menschen oder Tiers, die aus gefärbtem Teig geformte Figur eines Menschen von den als Skelette erscheinenden Friedhofsgespenstern in die Arena getragen und umtanzt wird, bis der Herr des Todes mit seiner furchtbaren Gefolgschaft erscheint und die Gespensterskelette davonjagt.«[167]

Das alles macht die Sache nicht einfacher; mal ist es so, mal anders. Mal ist etwas real, dann doch nicht. Wie gesagt: Im Tantrismus spielt das eigentlich überhaupt keine Rolle. Schließlich lag mir ein Textausschnitt aus dem *Kalachakra*-Tantra vor. Wohlgemerkt, es ist nur ein Ausschnitt. Und Ausschnitte können nie für das Ganze ohne Kontext stehen. Aber immerhin, der Text erstaunt:

> »Adam, Henoch und Abraham und fünf andere, die durch Tamas[168] geprägt sind, gehören zur Familie der dämonischen Schlangen: Mose, Jesus, der Weißgekleidete, Mohammed und Mathani. Er ist der achte und wird zur Dunkelheit gehören. Der siebte wird eindeutig in der Stadt Bagdad im Land Mekka geboren werden. Dort ist der mächtige, gnadenlose Götze der Barbaren, die dämonische Inkarnation, zu Hause.[169]

Das Internet ist zwar kein wissenschaftliches Instrument, gibt aber doch eine Menge an Information her. Unter dem Stichwort »*Kalachakra*« findet man Texte aus den verschiedenen Tantra-Schulen, die durchaus seriösen Charakter haben. Interessante Fakten liefert zum Beispiel die Internetseite wikipedia unter dem Stichwort »Kings of Shambhala«. Dort wird erwähnt, dass der gegenwärtige Herrscher von *Shambhala* von 1927 bis 2027 (eine symbolische Zahl) lebe.[170] In diesem Sinne wird er mit dem 14. Dalai Lama gleichgesetzt. Der letzte Herrscher von *Shambhala*, der 25. Herrscher, wird Raudra Chakrin genannt werden. Über ihn heißt es wörtlich:

»**Raudra Chakrin** oder **Rudrin Chakrin** (tib:. Trakpo Chakkhorchen) (2327 to ?) Zorniger Raddreher. Der Kulika König, von dem vorausgesagt wird, dass er im Jahr 2424 Menschen auf der ganzen Welt erscheinen wird, um die degenerierten Weltherrscher zu besiegen. Danach wird er ein weltweites Goldenes Zeitalter errichten. Er ist der letzte König, der im Kalachakra vorausgesagt wird.«[171]

Betrachtet man die Prophetien des *Kalachakra* ausführlicher, stößt man auf das Kapitel »erfüllte Prophetien«. Dort heißt es unter anderem:

»Es gibt verschiedene sogenannte ›wilde Haufen‹, die versuchen, die Kultur zu zerstören und den Menschen alle Gelegenheiten zu nehmen, geistlichen Wegen zu folgen.[172] Beispiele dafür sind die Invasionen von Zentralasien nach Indien durch die Mongolen, die Moslems etc. Diese machten das Praktizieren des Hinduismus und des Buddhismus unmöglich. Im Kalachakra gibt es die Prophezeiung einer ähnlichen großen Invasion und eines großen Krieges in der Zukunft. Diese werden sich im Jahr 2424 ereignen. Es handelt sich nicht um die Art von Krieg, die den Planeten zerstört, doch es wird wahrscheinlich ein sehr schlimmer Krieg sein. Aber zu dieser Zeit wird der König von Shambhala als Held erscheinen; die Bösen werden verlieren und das sogenannte Goldene Zeitalter wird beginnen. [...] Um in Shambhala wiedergeboren zu werden, sprechen viele Tibeter Gebete wie das des sechsten Panchen Lama.«[173]

Unter dem Stichwort »Initiation« wird die Motivation des Dalai Lama beschrieben, warum er so viele Initiationen im Westen durchführe: »Seine Heiligkeit, der Dalai Lama, hat erklärt, dass das Recht zur sofortigen Kommunikation und Ausbreitung unserer Gemeinschaft den ganzen Planeten umfasst. Deswegen erscheinen Aussagen wie ›Kalachakra für den Weltfrieden‹ angebracht.«[174] Mit anderen Worten: Die Buddhokratie ist kein Hirngespinst von Trimondi/Röttgen!

Dass der *Shambhala*-Mythos zentral ist im *Kalachakra*-Tantra, wird auch hier explizit gesagt. Unter dem Stichwort »Beschreibung von Shambhala« lesen wir:

> »Das Königreich Shambhala spielt in den Kalachakra-Lehren eine große Rolle. […] Es wird vorausgesagt, dass in ein paar Jahrhunderten von Shambhala eine geistliche Erweckung der Welt ausgehen wird.«[175]

Wer weiterliest merkt, dass auch hier wieder eine merkwürdige Ambivalenz herrscht. *Shambhala* könnte als innerpsychologisches Ereignis der Meditation gesehen werden, d. h. als Allegorie. Aber das ist eben nur die eine Hälfte der Geschichte. *Shambhala* ist auch ein historisches, zukünftiges Ereignis.

Weiterhin wird deutlich, dass der Dalai Lama Westeuropäer nur bis zu einem gewissen Stadium einweiht. Das, was dann wirklich weiterführt, wird in der Regel nur an wirklich Fortgeschrittene und Tibeter weitergegeben. Man könnte auch sagen: Es wird eine relativ »harmlose« Grund-Initiation gelegt, die dann zur Startrampe für die wirklich wichtigen Initiationen wird. Unter dem Stichwort »Generation Stage« (»Erste Stufe«) liest man:

> »Wenn seine Heiligkeit, der Dalai Lama, Initiationen bei Westeuropäern durchführt, verpflichtet er sie nicht dazu, das spezielle ›Kalachakra-Guru-Yoga in sechs Sitzungen‹ durchzuführen. Im Gegensatz dazu werden die Tibeter häufig dazu verpflichtet, diese relativ lange Übung mindestens einmal am Tag durchzuführen.«[176]

Auch hier begegnet uns die »Zwielichtsprache«. Schließlich heißt es unter der höchsten Kategorie der Rituale »Completion Stage«

(»Letzte Stufe): »... es erscheint unangemessen, hier die tatsächlichen Übungen zu erklären.«[177] Sex mit Frauen wird unter dem Stichwort »Unveränderliche Glückseligkeit«[178] aus männlicher Sicht folgendermaßen begründet:

> »Der ›dumpfe‹ Schüler braucht zuerst eine Karma Mudra, weil ihm die meditative Kraft fehlt, die vitalen Substanzen zur Spitze des Juwelen [d.h. Penis, Anm. d.A.] fließen zu lassen und das ›sinkende Glück‹ [d.h. den Samenerguss, Anm. d.A.] zu erreichen. [...] Die anderen zwei Arten von Schülern brauchen zuerst eine Karma oder Inana Mudra, bevor sie zur Maha Mudra kommen, um die unveränderliche Glückseligkeit zu erzeugen.«[179]

Eine Zeitschrift wie »GEO« ist ein Reportage- und kein Wissenschaftsmagazin. Aber immerhin konnte man schon 1986, also lange vor der hitzigen Debatte, folgendes über das *Kalachakra* nachlesen, geschrieben von Tilman Spengler:

> »Dabei hat der Ursprung des Kalachakra zunächst wenig mit Frieden zu tun. Kalachakra bedeutet ›Rad der Zeit‹, und so heißt auch ein machtvoller Gott der Buddhisten, dem es um die Überwindung negativer Kräfte und die Errichtung des mythischen Reiches Chambala ging – wozu allerdings auch die Vertreibung der Muslims, der Erzfeinde der Buddhisten, gehörte. So kann man es im Kalachakra-Tantra, dem Lehrsystem des Kalachakra, nachlesen, einem der bedeutendsten Lehrsysteme des tibetischen Buddhismus.«

Und etwas weiter unten zum Thema Yoga:

> »Historisch blieb es nicht auf Erleuchtung beschränkt, bald wurden magische Formeln – Mantras – auch für irdische Mühsal bemüht, für gutes Wetter oder die Vernichtung von Feinden, zur Heilung von Krankheiten oder für die Suche nach

einem Schatz. Die Methoden, rituelle Praktiken miteinander zu verbinden, wurden – sofern erfolgreich – in mehr oder weniger geheimen Texten, den Tantras, festgehalten. Doch das Studium der Tantras fruchtet nur, wenn man von einem Meister – tibetisch Lama – angeleitet wird. Der Meister des Kalachakra-Tantra ist der Dalai Lama. Er weiß die geheimen Texte zu deuten, er kennt die Formeln, die an bestimmten Stellen auszusprechen sind, er gibt an, welche Visionen die Meditation heraufzubeschwören hat, damit die spirituelle Vereinigung mit der Gottheit die Adepten der Erleuchtung näher bringt.«[180]

Deutliche Worte zum Mythos Tibet findet auch Toni Huber, Mitherausgeber des »Tibet Journals«:

»In den vergangenen zehn Jahren verbreitete die tibetische Exilgemeinschaft in zahlreichen Publikationen und Pressemitteilungen eine Reihe von Behauptungen über die grundlegende Identität der Tibeter und den Charakter ihrer traditionellen Gesellschaft und Kultur. Darunter finden sich Aussagen wie: ›Die Tibeter sind ein grundsätzlich friedfertiges und gewaltfreies Volk, das nie eine eigene Armee besaß‹, oder ›Ökologisches Bewusstsein ist ein inhärenter Aspekt der tibetischen Kultur‹, oder ‹Frauen besaßen im traditionellen Tibet einen deutlich gleichwertigeren Status als in anderen asiatischen Gesellschaften‹. Solche scheinbar unschuldigen und vielleicht sogar verführerischen Klischees und die sie unterstützenden Texte haben oft wenig bis gar nichts mit so genannter ›Tradition‹ und ihrer Fortführung in der Zeit des Exils nach der Flucht von 1959 gemeinsam.«[181]

Und später zeigt er auf, dass diese Klischees und Verfälschungen ein Produkt der tibetischen Exilregierung sind (deren oberster Kopf der 14. Dalai Lama ist, Anm. des Autors). Er schreibt:

»In vielen Fällen scheinen neue exiltibetische Identitätsvorstellungen nur ein anderes Mittel zu sein, mittels dessen die Exilregierung auch in Zukunft eine kritische Geschichtsschreibung verhindern kann. Heather Stoddard stellte kürzlich fest, dass ›eine beträchtliche Anzahl neuer tibetischsprachiger Bücher ... [durch die Exilregierung] zensiert oder ihre Publikation verhindert wurde, da sie nicht mit den gewünschten Vorstellungen von der traditionellen tibetischen Gesellschaft übereinstimmen. Jede ernsthafte Diskussion der Geschichte und möglicher Schwächen der Gesellschaft vor 1959 ist tabu‹. Diese Art von Zensur wirkt in dem gesamten Identitätsbildungsprozess.«[182]

Bei meinen Recherchen führte ich auch Interviews durch. Zum Beispiel mit Beat Regli, der 1999 eine Reportage über die »Shugden-Affäre« an Ort und Stelle für das Schweizer Fernsehen gedreht hatte. Regli beobachtete, wie die offiziellen Organe des Dalai Lama (die sog. tibetische Exilregierung) sukzessive die Shugden-Anhänger verfolgten und auf ganzseitigen Zeitungsinseraten verteufelten. Regli lernte die ganze Palette kennen: Ausgrenzung, Morddrohung, Anzünden von Häusern, tätliche Bedrohung. Dies alles mit dem Wissen des Dalai Lamas.

Dieser verweigerte jedoch Interviews zu diesem Thema. Regli arrangierte dennoch ein Gespräch, allerdings ohne anzugeben, was das Thema sein sollte. Als er dem Dalai Lama ganz vorsichtig eine Frage zur Shugden-Affäre stellte, verlor dieser die Fassung.

Ein Ausschnitt aus dem Originalton:

Journalist: »Aber es gibt Gewaltaufrufe!«
Dalai Lama: »Nein!«
Journalist: »Ich habe sie selber in den Zeitungen gesehen.«
Dalai Lama: »Nein! Das sind Gerüchte!«[183]

Aus buddhistischen Kreisen in der Schweiz kam es im Vorfeld der Sendung zu gerichtlichen Drohungen u.ä. Die von Regli gelieferten Fakten waren allerdings hieb- und stichfest. Dennoch wurde der Tibet-Lobby ein Stück weit recht gegeben. Begründung: Man habe den Tibetern zu wenig Gelegenheit gegeben, die Aussagen in einem Studiogespräch zu relativieren.

Ironie der Geschichte: Der damalige Verantwortliche der Redaktion »Religion«, Erwin Koller, ist ein Anhänger des Dalai Lama. Koller stellte sofort eine »Gegenproduktion« her. Regli, nach eigener Einschätzung religiös unvoreingenommen, erfuhr die dunkle Seite des Dalai Lama mit Erstaunen und Erschrecken am eigenen Leib. Sein Fazit: Offenbar darf der Dalai Lama nicht kritisiert werden. Die tibetische Lobby verfolge und diskreditiere alle, die das System in Frage stellen.

Hans Peter Roth, freischaffender Journalist, machte ähnliche Erfahrungen. Auch ihn habe ich interviewt. Roth sympathisierte mit einer buddhistischen Gruppe und besuchte regelmäßig ihre Versammlungen. 1997/98 bereiste er für zwei Monate Tibet. Dort sei er »grauenhaft ernüchtert« worden. Die Frauen schufteten sich zu Tode. Bhutan und Tibet seien die einzigen zwei Länder auf der Welt, wo die Lebenserwartung der Frauen geringer sei als die der Männer. Und das sieht Roth in der Frauen verachtenden Kultur dieser Länder begründet. Roth kam verwirrt in die Schweiz zurück. Niemand habe diese Seite des tibetischen Buddhismus sehen wollen, sagt Roth.

Als er die Reportage von Beat Regli gesehen habe, habe er gewusst, dass er mit seinen Wahrnehmungen nicht allein dastehe. Auch das Buch von Trimondi/Röttgen bestätigte seine Beobachtungen. Roth ist der Meinung, dass die Stoßrichtung ihres Buches wichtig und richtig sei. Es hole die verklärten Bilder radikal auf den Boden der Realität.

Natürlich trat ich auch in Kontakt mit Herbert und Mariana Röttgen/Trimondi. Ich stellte ihnen eine Menge Fragen. In der Folge empfahlen sie mir weiterführende Literatur. Sie machten mir insgesamt einen sehr engagierten Eindruck. Immerhin blieb in mir die Überzeugung, dass die beiden eine außerordentliche »Übersetzungsarbeit« geleistet hatten. Etwas, was mir in der übrigen Literatur so nicht begegnet ist. Die tiefenpsychologischen Zugänge, die Vergleiche mit Giordano Bruno und der mittelalterlichen Alchemie betrachte ich als enorm hilfreich. Trotz aller Kritik an ihrem Buch gelingt bei Trimondi/Röttgen eine wirkliche Begegnung zwischen Orient und Okzident und – last but not least – ein kritisch befruchtendes Gespräch. Auf dem Korrespondenzweg mit Fachleuten des Buddhismus bekam ich ähnlich kritische Gedanken über den Lamaismus zu hören. Daraus nur ein paar Auszüge:

> »Die tantrischen Texte des Buddhismus und des Hinduismus sprechen über die Wichtigkeit von sexuellen Handlungen auf den höheren Stufen der tantrischen Initiation. Gewöhnlich sagen buddhistische Lehrer, dass es nicht um eine lustvolle Handlung geht, wie es die Westler so gerne glauben, sondern um ein Mittel, um die Erleuchtung zu erreichen. Oft wird diese Handlung für rein symbolisch erklärt, aber in einigen Fällen findet sie tatsächlich statt. Ich kenne den Fall eines jungen Mannes, der aus einem Kloster floh, als von ihm verlangt wurde, Sex mit einer alten Frau zu haben. Nachdem er weg war, führten die Mönche Rituale durch, um das Kloster von dem Bösen zu reinigen, das er dorthin gebracht hatte.«[184]

Aus christlicher Sicht interviewte ich Martin Kamphuis, der früher praktizierender Buddhist war, dem Dalai Lama begegnete und sich in Indien und Tibet aufhielt. Seine Erfahrungen kann man im Buch »Ich war Buddhist« nachlesen.[185] Kamphuis erzählte mir, wie er anfänglich mit Tausenden von anderen in die ersten vier Stufen der *Kalachakra*-Initiation eingeweiht worden war. Ihm wurde das *Kalachakra*-Tantra als das höchste »königliche« Tantra vorgestellt. Die Riten und Bilder wurden alle allegorisch bzw. symbolisch ausgelegt. Dann vertiefte er sich in den Buddhismus, speziell in den tibetischen Tantrismus. Insgeheim hoffte er, das *Shambhala*-Paradies zu gewinnen. Davon sei in den Belehrungen immer wieder die Rede gewesen. Allerdings immer ambivalent – man sagte einerseits, es sei symbolisch, andererseits aber auch, dass es sich irgendwann entfalten werde.

Wann immer ihn Dinge irritiert hätten, so Kamphuis, habe er dies seinem mangelnden Wissen zugeschrieben. Alle negativen Erfahrungen habe er als ungenügende Integration in sein System, respektive negatives Karma interpretiert. In Indien sei er dann in das *Vajra-Yogini*-Tantra eingeweiht worden. Dort sei ihm allmählich bewusst geworden, dass diese verhüllten Belehrungen einen durchaus real gemeinten Hintergrund hatten. Der Lama habe sehr konkret erklärt, wie die sexuellen Praktiken funktionierten. Später sei er zusammen mit einer Freundin »geschult« worden. Gewisse spirituelle Übungen seien tatsächlich lebensgefährlich gewesen. Unter anderem sei er telepathisch von seinem Guru angeleitet worden.

Kamphuis bestätigte, dass die gebildeten Lamas den Westeuropäern auf intelligente Weise Dinge schmackhaft machten, die von den Tibetern selbst ganz anders wahrgenommen würden. Für diese seien die Geister und Dämonen nämlich höchst reale Wesen, die sie immer wieder in Angst und Schrecken versetzten.

Die Geister hätten höchstes Mitspracherecht im tibetischen Buddhismus – selbst beim Dalai Lama. Dies sei auch der Grund, warum er vor politischen Entscheiden stets das Staatsorakel Nechung/Pehar befrage. Was bei uns im Westen als »Kultur« verkauft werde, sei nichts anderes als eine spiritistische Praxis, von deren Wirksamkeit der Dalai Lama sehr wohl überzeugt sei. Problematisch sei vor allem, dass die Westeuropäer sich nur die positiven Seiten des Systems herauspickten, die dunklen hingegen völlig ausblendeten.

Auch Kamphuis bestätigte, dass der Tantrismus immer als Ziel die materielle Realisation habe. Denn die Enttabuisierung aller materiellen Dinge gehöre zum höchsten Ziel. In diesem Sinne sei das Argument der Allegorie und der Symbolik unhaltbar. Was er als sehr schwierig empfunden habe, sei auch die Tatsache, dass die Lamas oft mit fröhlichem Lachen ungeniert gelogen hätten, nach dem Motto: Das versteht ihr sowieso nicht!

Als Nächsten interviewte ich Helmut Gassner, einen praktizierenden Buddhisten. Gassner war 17 Jahre lang Dolmetscher des Dalai Lamas. Er ist der Meinung, dass sich der Dalai Lama konträr zu seinen offiziellen religiösen und politischen Aussagen verhalte[186] und reine Machtpolitik betreibe. Der Dalai Lama habe sich in den vergangenen Jahrzehnten negativ verändert und stehe unter starkem Einfluss magisch-okkulter Kreise. Gassner sagte, dass in tibetischen Kreisen massiv und offiziell gelogen werde. Das Verhalten der heutigen tibetischen Exilregierung sei identisch mit dem alten Tibet. Wer sich dagegen wehre, komme »unter den Hammer«.

Gassner bestätigte ebenfalls, dass es den »geistlichen Krieg« durchaus gebe. Perfekte Konzentration könne okkulte Kräfte wachrufen. In der Diskussion über die Realität der bösen Mächte und Dämonen, der sexuellen Techniken und makabren Rituale blieb bei mir eine ambivalente Gefühlslage zurück. Gassner mochte nichts abstreiten, aber auch nichts bestätigen.

Last but not least sprach ich auch mit Verantwortlichen vom Museum der Kulturen in Basel. Sie zeigten sich entsetzt über den Inhalt meiner Zusammenfassung und wünschten ein Gespräch. Ich war dankbar für die Möglichkeit. Sie äußerten sich zwar stellenweise selbstkritisch zu den religiösen Inhalten des tibetischen Buddhismus, waren aber der Meinung, dass die Ausstellung in Basel keine umfassende Abhandlung dieser Ausformung des Buddhismus bieten wolle oder könne. Für sie hatten die Exponate nur eine rein kulturell-ästhetische Bedeutung. Von spirituellen Realitäten oder Inhalten sähen sie aus rationalen Gründen ab. Man wolle mit der Ausstellung auch keine Werbung für Tibet oder dessen Spiritualität machen. Es handle sich eben nur um Kunstgegenstände.

Auf die Inhalte meines Buches gingen sie überhaupt nicht ein. Bei dem Trimondi-Buch handele es sich um eine unseriöse und unwissenschaftliche Arbeit. Die Ausstellungsmacher sahen die spirituellen Inhalte nur auf der symbolischen Ebene und gaben mir all die Erklärungen, die ich weiter oben schon aufgeführt habe. Diese Meinung kann man auch in den Kommentaren zu den Bildwerken im Ausstellungskatalog nachlesen:

> »In Tibet werden grimmige, furchterregende Göttergestalten in einer ihnen eigens gewidmeten Kapelle, dem Gön-khang, verehrt und mit Opfergaben besänftigt. Im Westen wurde dies häufig als Anbetung von ›bösen Dämonen‹ missverstanden. Die rasend zornvollen Gottheiten entspringen jedoch dem Naturgesetz der komplementären Polaritäten und dem Glauben, dass durch das Erkennen von negativen Kräften das Negative aufgehoben werden kann. Ursprünglich waren sie vorbuddhistische Gottheiten, die im Laufe der Zeit in das Pantheon des tibetischen Buddhismus aufgenommen und zu Schutzgöttern des Dharma umgewandelt wurden. Sie sind Beispiele für die Umformung von Gewalttätigkeit und Aggressivität in überwindende Kräfte des Guten.«[187]

Wie wir bereits gesehen haben, ist genau dies nicht der Fall. Ein Blick auf den tibetischen Alltag spricht eine deutlich andere Sprache. Zugutehalten muss man den Ausstellungsmachern, dass zumindest von der tibetischen Seite her einige wenige kritische Töne Eingang in den Ausstellungskatalog gefunden haben:

> »Die Erkenntnis, dass religiöse Würdenträger auch nur Menschen sind, die als kleinliche Vertreter ihrer eigenen Interessen agieren, gehört für einen jungen Tibeter vermutlich ebenso zu den Erfahrungen des Erwachsenwerdens wie der Umstand, dass man nicht mehr ins elterliche Doppelbett hineinpasst.

[…] Viele Lamas scheint diese Aufgabe zu überfordern. In Verkennung dessen, was die westliche Welt wertschätzt und wie diese die Lamas von außen wahrnimmt, dümpeln sie stattdessen in den seichten Gewässern von New Age umher. Heute existiert in fast jeder größeren europäischen Stadt ein sogenanntes Dharma-Zentrum, dem ein tibetischer Lama vorsteht. Im scharfen Kontrast zur propagierten Toleranz der fernöstlichen Lehren steht die penible Abgrenzung untereinander und die gegenseitige Konkurrenz, die diese Zentren praktizieren. Löbliche seltene Ausnahmen gibt es selbstverständlich. Die soziale Kontrolle, die in der überschaubaren tibetischen Gesellschaft vorhanden war, existiert aber im Westen nicht. Dies hat zur Folge, dass die Hemmschwelle, die nimmersatte Nachfrage der westlichen Esoterik-Konsumenten mit immer wahnwitzigeren Kursangeboten zu befriedigen, dramatisch sinkt. […] In diesem Spannungsfeld zwischen Moderne und Tradition wird sich zeigen müssen, ob die buddhistischen Lehrer imstande sind, sinnstiftend zu wirken. Sie werden es in einer Art tun müssen, die mit den demokratischen Standards, die als allgemein verbindlich gelten, vereinbar ist – absoluter Gehorsam und nicht hinterfragbare Autoritäten sind Relikte vergangener Zeiten.«[188]

Berücksichtigt man die aktuelle Literatur und die damit verbundenen Praktiken, muss man leider von einem gut gemeinten Wunsch reden. So schreibt der Dalai Lama in seinem Kommentar zum *Kalachakra*-Tantra:

»Für törichte Wesen kommt das erste Wurzelvergehen dadurch zustande, dass sie der erleuchteten Geisteshaltung des glorreichen Lamas zuwiderhandeln. Wenn Sie sich nicht an das Wort des Lamas halten, der Ihnen die glorreiche Kalachakra-Einweihung erteilt – immer unter der Voraussetzung, dass das Wort des Lamas mit der Lehre in Einklang steht –, und dadurch der erleuchteten Geisteshaltung des Lamas zuwiderhandeln, so stellt dies das erste Wurzelvergehen dar.«[189]

Auf die konkreten Kritikpunkte in der Literatur angesprochen, verwiesen die Verantwortlichen im Museum mich auf Fachleute. Eine derartige Diskussion könne man von ihnen nicht erwarten. Als ich nach der Veranstaltung fragte, die in der Presse und vor Ort als »Geisteranrufung« bezeichnet wurde (in der Aula des Museums der Kulturen), erklärte man mir, es handle sich einfach um »Folklore«. Und schließlich habe es sich beim Legen des *Kalachakra*-Sand-*Mandalas* nicht um ein religiöses Ritual gehandelt – dazu wären Initiationen notwendig gewesen. Zwar kämen auch am Ende wieder Mönche, um das *Mandala* zu zerstören, aber man habe das nur wegen der Publikumswirksamkeit gemacht.

Am Ende des Gesprächs hatte ich den Eindruck, dass es vor allem darum ging, das Museum der Kulturen aus dem Konfliktfeld herauszuhalten. Ein durchaus verständlicher Wunsch. Aber ich frage mich, ob man es sich damit nicht doch etwas zu einfach macht, insbesondere angesichts der Tatsache, dass eine derartige Ausstellung den tibetischen Buddhismus zum öffentlichen Thema macht. Immerhin kamen die Exponate ja nicht von selber nach Basel. Wer im öffentlichen Raum religiöse Kultur präsentiert und medienwirksam vermarktet, muss damit rechnen, dass diese Inhalte auch kritisch hinterfragt werden. Und das gilt nicht nur für Basel, sondern natürlich auch für Graz und alle zukünftigen Events.

Im Nachhinein haben die Beteuerungen der Ausstellungsmacher ihre Klarheit verloren. Tele-Basel zeigte eine Sendung über die Zerstörung des Sand-*Mandalas*. Und dort erklärten die Museumsverantwortlichen unumwunden, dass es sich hier (doch!) um ein religiöses Ritual handle.

Noch ein Wort zur Art der Deutung religiöser Phänomene. Die innerpsychologische Deutung tibetischer Riten und Dämonen ist eine westliche Erfindung. Sie kommt eindeutig nicht aus dem asiatischen Raum. Vielmehr ist sie eine europäische Lesart, die ihre Wurzeln in der Theosophie von Helena Blavatsky hat. Über C. G. Jung hat diese Art, religiöse Phänomene als innerpsychologisches Drama zu deuten, auch ihren Weg in die Anthropologie gefunden. Aber nicht nur bei uns in Europa. Poul Poedersen stellt fest:

> »Vielleicht noch wichtiger war ihre Einführung westlicher Interpretationen asiatischer Traditionen unter den gebildeten asiatischen Eliten. Vieles davon sollte in asiatische nationale und kulturelle Identitätsbildungsprozesse einfließen und das intellektuelle Rüstzeug für politische Manöver und kulturelle Selbstbehauptung bilden. In diesem Sinne trug die theosophische Bewegung zur Einführung einer westlichen Dominanz in den Diskurs über asiatische Religion und Philosophie bei und regte einen schöpferischen Kulturaustausch zwischen Ost und West an. Ein bedeutsamer Aspekt dieses Austausches war die fortschreitende Psychologisierung des Ostens.«[190]

Zuletzt habe ich noch mit Tibeterinnen und Tibetern Kontakt aufgenommen. Sie gaben mir Auskunft unter der Voraussetzung, dass ich ihre Namen nicht veröffentliche.[191] Dies, weil die tibetische Gemeinde relativ klein sei und man sich gut kenne. Wer sich da exponiere, habe mit Schwierigkeiten zu rechnen.

Von diesen Leuten wollte ich konkret wissen, inwiefern sie die Ansicht teilten, dass die Götter und Göttinnen symbolisch zu verstehen seien, und wie sie mit den okkulten Phänomenen umgingen. Eine Person meinte, dass die Geister und Dämonen sehr wohl real seien. Sie habe beim Opfern für die Götter immer Höllenängste gehabt. Man habe nicht reden und kaum atmen dürfen dabei. Hätte man aus Versehen etwas verschüttet, wären weitere Wiedergeburten als Strafe die Folge gewesen.

Die Dämonen und Götter seien eine Realität für die Tibeter. Zudem sei bekannt, dass der Dalai Lama mit dem Dämon

Nechung einen Pakt geschlossen habe. Nechung habe dem Dalai Lama versprochen, berühmt zu werden – und das sei ja in der Zwischenzeit geschehen. Es sei ein großer Irrtum zu meinen, dass man diese Mächte in den Griff bekomme. Das Umgekehrte sei der Fall. Magie sei ohnehin etwas sehr Gebräuchliches in den tibetischen Kreisen. Die befragte Person hat selber erlebt, dass ihre Eltern hellseherische Fähigkeiten besaßen. Der Vater habe früher eine riesige Maske bei zeremoniellen Veranstaltungen getragen, die ohne Trance, in der ein Dämon von ihm Besitz ergriffen habe, gar nicht zu tragen gewesen wäre. Diese Person erzählte mir weiter, dass sie einen Verwandten habe, der einerseits zwar »zölibatärer« Mönch sei, andererseits aber eine Freundin habe. Das sei nicht unüblich.

Auf die Rolle des Dalai Lamas angesprochen, meinte diese Person, viele Schweizer Tibeter hätten Probleme mit dem Dalai Lama. Die junge Generation verstehe meistens überhaupt nicht mehr, was er da eigentlich lehre. Aber weil die westliche Tibet-Euphorie so groß sei, wolle sich kaum jemand öffentlich gegen den Dalai Lama äußern. Wer wollte schon einen Bonus verspielen? Der Dalai Lama habe der tibetischen Gemeinde eröffnet, dass er der letzte Dalai Lama sei. Das habe eine große Unsicherheit geweckt. Wenn es keine weitere Wiedergeburt des Dalai Lamas mehr gebe, drohe am Ende eine fürchterliche Leere. Der Dalai Lama habe viel Werbung für die *Kalachakra*-Initiation in Graz gemacht. Ob zwischen den weltweit intensiv betriebenen *Kalachakra*-Zeremonien und dem vorausgesagten Ende des letzten Dalai Lamas ein Zusammenhang bestehe, könne nicht gesagt werden.

Den meisten Tibetern bereite die Tibet-Euphorie im Westen etliche Probleme. Vieles werde völlig oberflächlich wahrgenommen. Sehr selbstkritisch äußerte sich jemand, dass zum Beispiel das vielgerühmte Mitleid häufig nur darum praktiziert werde, um einen Verdienst für das nächste Leben zu gewinnen. Buddhistisches Mitleid sei etwas ganz anderes als das westlich verstandene Mitleid. Es sei darum auch gang und gäbe, dass man sich der Armut anderer (auch anderer Tibeter) verschließe, weil jene ja nur als Strafe für ein früheres Leben in dieser Situation steckten.

Insgesamt wollten die wenigsten wieder zurück nach Tibet, weil die Lebensbedingungen dort so miserabel seien. Auch die Solidarität innerhalb der jüngeren Generationen nehme stark ab. Am Ende der Gespräche merkte ich: Viele religiöse Dinge, die in diesem Buch beschrieben werden, sind der jüngeren Tibeter-Generation unbekannt. Die Situation unter ihnen hier in der Schweiz lässt sich sehr gut mit dem nominell säkularisierten Christentum vergleichen. Viele Phänomene sind hingegen auch allgemein bekannt. Verschiedene Tibeter haben in den unterschiedlichsten Punkten ähnliche Bemerkungen dazu gemacht.

Es herrscht eine große Angst, sich mit kritischen Aussagen gegenüber der Gemeinschaft zu outen. Man kennt sich. Und die Konsequenzen für ungeliebte Kritiker können vielfältig sein: Ächtung, magischer Schadzauber, Mobbing usw. Das finden wir nicht nur so vor, weil es immer Missgunst und Machtgehabe geben wird, solange es Menschen gibt. Wir finden das auch darum, weil die omnipotente Stellung der Lamas durch das religiöse System gestärkt und von heiligen Texten untermauert wird. Davon ist das *Kalachakra*-Tantra nicht ausgenommen. Zwar soll ein fehlbarer Lama korrigiert werden können. Aber wehe, man packt es nicht richtig an! Dann wartet auf den Kritiker die Hölle, weil er ein sogenanntes »Wurzelvergehen« begangen hat:

> »Falls es aufgrund von Täuschung zu einem Wurzelvergehen kommt, wirst du in die Hölle geraten, denn diese sind [Voraussetzungen für] Leid.«[192]

Etwas später heißt es:

> »Für törichte Wesen kommt das erste Wurzelvergehen dadurch zustande, dass sie der erleuchteten Geisteshaltung des glorreichen Lamas zuwiderhandeln.«[193]

Und noch etwas später:

> »Falls an den Worten oder Handlungen des Lamas etwas nicht mit der Lehre in Einklang steht, sollte man dies aber keinesfalls zum Anlass nehmen, Geringschätzung oder Mangel an Vertrauen zu entwickeln.«[194]

Und schließlich:

> »An makellosen empfindenden Wesen herumzumäkeln ist das zwölfte, eingegangene Gelübde zu brechen ein weiteres [das dreizehnte Wurzelvergehen]. ›Makellose empfindende Wesen‹ meint hier Yogis.«[195]

Diese Bedrohung mit Höllenstrafen ist mit ein Grund, warum es außerordentlich viel braucht, bis betroffene Menschen ihr Schweigen brechen.

Ein letztes Faktum in meinen Recherchen betrifft die vielpropagierte »unmissionarische Haltung« der Buddhisten. Der Buddhismus sei nicht missionarisch, heißt es. Dass dies schon angesichts des ganzen Buddhismus-Booms nur schwer haltbar ist, ist leicht einsehbar. Ich wundere mich auch darüber, wie in der Schweiz an verschiedenen prominenten Orten buddhistische *Stupas* (Tempel) mit großem Zeremoniell errichtet und geweiht werden. Letztes Beispiel: der *Stupa* auf dem Säntis, eingeweiht am 9. September 2001. Insgesamt sind sieben *Stupas* in der Schweiz geplant. Zwei stehen schon, nämlich in Zürich und in Bächli/Neckertal.

Vielleicht ist es ein Detail am Rande: Der Säntis gilt in esoterischen Kreisen, abgesehen von Aesch (Kanton Zürich), als der Kraftort mit der höchsten »Boviszahl«[196] in der Schweiz.[197] Zufall oder magisches Denken?

Die Errichtung von *Stupas* hat in der Tat magische Bedeutung. Sie gelten als Instrumente, um karmische Energien zur Verbreitung des Buddhismus zu ermöglichen. Zu Beginn des 19. Jahrhunderts begann man zielgerichtet, verfallene Stupas zu restaurieren, um diese Energien neu zu aktivieren. In diesem Zusammenhang müssen auch die Errichtungen der Stupas in Europa gesehen werden. Sie bereiten die Verbreitung der buddhistischen Lehre durch den »4. Sohn« (Dalai Lama) vor.

Dazu der Originalton des Gyetrul Jigme Rinpoche, der die Bedeutung der *Stupas* erklärt:

> »Dieser 4. Sohn [gemeint ist der Dalai Lama, Anm. d.A.] ist wirklich der Minister und Gesandte des Königs [gemeint ist der größte Dharmakönig, König Trisong Detsen, d.A.]. Der Bote, um König Padmasamhava und den großen Abt [gemeint ist Shandaraksita] einzuladen. [...] Da sehen wir die Macht von Karma. Denn bis ans Ende der 50er Jahre – wer wusste da schon, wo Tibet war – wer würde da je hinkommen? [...] Das ist nur möglich aufgrund sehr starker karmischer Verbindungen und karmischer Zusammentreffen [ausgelöst durch die Stupas, Anm. d.A.].«[198]

Etwas später erklärt der Guru noch deutlicher, dass die Tibeter das auserwählte Volk seien, um die Lehre des Buddhismus weltweit zu verbreiten:

> »Die Tibeter haben das besondere Glück und die besondere Glück verheißende Situation, dass sie auserwählt wurden von Padmasambhava, als das Volk, dem die höchste Form aller buddhistischen Lehren und Weisungen zuteil wurde. Es wurde ausgewählt für den Vajrayana, und dadurch entstand ein ganz unermesslicher Segen für die Tibeter, für Tibet. [...] Von dort konnte sich der Segen auf die ganze Welt ausdehnen.«[199]

Im Vorfeld des *Kalachakra*-Rituals in Graz wurden von buddhistischer Seite enorme Anstrengungen unternommen, um die magischen Kräfte positiv für dieses Mega-Ereignis zu stimmen. Im Rahmen eines Zeremoniells wurden 49 »Schatzvasen« (*ter-bum*) an den Orten, die für Österreich von politischer und historischer Bedeutung sind, versenkt. Die Vasen enthielten die üblichen früher beschriebenen Ingredienzien (Pillen, Knochen, Opfergaben, heilige Schriftzeichen, Kräuter, Edelmetall usw.) und wurden innerhalb von zwei Wochen von bedeutenden Lamas in Bhutan geweiht. Insgesamt 6200 Vasen wurden bisher weltweit eingegraben.[200]

So also hat sich der tibetische Buddhismus aufgemacht, um den Westen in einer einmaligen Weise magisch zu okkupieren.

Das meiste war – Ironie des Schicksals – finanziert von naiven Westeuropäern, die glauben, den Tibetern damit ein Stück Heimat zu vermitteln. Gerade bei den Ereignissen rund um Graz – das ist ein offenes Geheimnis – sollen diese großen Anstrengungen dazu dienen, die Reinkarnation des ersten westeuropäischen Dalai Lamas hervorzurufen. Sollte dieser Coup gelingen, würde Österreich zum neuen Zentrum des tibetischen Buddhismus!

Ahnungslos setzten unzählige Prominente aus Wirtschaft, Politik und Kultur ihre Namen auf die Spenderliste zu diesem Paukenschlag, um ebenso ahnungslos in den Bann unzähliger Gottheiten zu geraten, die der Verbreitung des Dharmas dienen. Es ist einmalig in der Geschichte eines westeuropäischen Landes, wie in einer konzertierten Aktion Medien, Kulturschaffende und Verantwortungsträger aus Wirtschaft und Politik diesen (aus tibetischer Sicht) Paradigmenwechsel vorbereiteten und einander dabei die Hände reichten. Und ebenso einmalig ist es, dass kaum jemand wahrnahm, was da wirklich abläuft – abgesehen vom kirchlichen Oberhaupt der katholischen Christen von Graz, Bischof Kapellari. Die evangelische Kirche von Österreich – man hält es kaum für möglich – unterstützte die Anstrengungen rund um das *Kalachakra* sogar.

Fazit

Seit 1975 macht sich der tibetische Buddhismus in missionarischer Weise auf, um Westeuropa und Nordamerika zu erobern. Er tut dies auch durch explizit magische Praktiken. Diese Rituale werden im Rahmen »kultureller« Veranstaltungen durchgeführt. Für die westlichen Zuschauer ein interessantes Spektakel, für die tibetischen Lamas hingegen gezielte spirituelle Aktivitäten.

Die zu erobernden Gebiete des Westens werden durch Rituale und Bauten »energetisch« in Besitz genommen. *Sand-Mandala*-Zeremonien inthronisieren den Initiator als spirituellen Herrscher über ein bestimmtes geografisches Gebiet. Dabei werden Dämonen und Götter entfesselt, welche die anwesenden Menschen beeinflussen sollen (im offiziellen Jargon »segnen«). Die hundert mächtigsten Götter und Dämonen sind im *Kalachakra*-Sand-*Mandala* noch nicht einmal dargestellt, sondern werden mündlich durch den praktizierenden Yogi (häufig der Dalai Lama persönlich) am Höhepunkt der Zeremonie freigesetzt.

Stupas (buddh. Tempel) werden errichtet, um positive Energie für die Verbreitung der buddhistischen Lehre (durch den »4. Sohn« = Dalai Lama) im Land zu produzieren. Stupas stehen bereits in Graz, Auenbüttel, Wuppertal, Schwarzenberg, Elista, Malaga, Zürich und Bächli und auf dem Säntis. Das »Stupa Projekt Schweiz« plant die Errichtung weiterer fünf *Stupas* in jenen Städten, in denen buddhistische Zentren existieren.

Und schließlich werden geweihte »Schatzvasen« in die Erde des zu erobernden Territoriums eingegraben. Dies immer an historisch und wirtschaftlich bedeutenden Orten des jeweiligen Landes, um nach buddhistischer Überzeugung den bestmöglichen missionarischen »Kraft-Einfluss« auf das Land auszuüben.

Was uns als exotische Folklore verkauft wird, ist in Wahrheit eine magische Okkupation zur Wegbereitung des »lamaistischen Dharmas«. Trotz aller gegenteiligen Versicherungen reden die tibetischen Rituale, Gegenstände und Gedankenwelten eine klare Sprache. Man kann das alles nachlesen, beobachten und erfragen, z.B.: in einem Artikel in der Basler Zeitung:

> »Die Malereien und Plastiken dienen der Anbetung, der Meditation und dem Unterricht; ihre Funktion ist kultisch, rituell.«[201]

Oder in einem Museumskatalog:

> »Doch nicht nur alle an dem Entstehen Beteiligten hatten Anteil an der religiösen Ausstrahlung eines Kunstwerkes, auch auf die vor ihm Meditierenden ging seine Wirksamkeit über. Für viele Gläubige bleibt daher die besondere religiöse Kraft eines heiligen Gegenstandes auch in einer Ausstellung erhalten.«[202]

Dem muss man korrigierend hinzufügen: Die Wirksamkeit bleibt in den Augen jedes tibetischen Buddhisten erhalten – das macht das tantrische System ja gerade aus! Und natürlich sind auch die ethnologisch verbrämten Kurse und Seminare mehr als nur Folklore. Als Beispiel sei ein Auftritt des Sängers und Tänzers Tenzin Gönpo im Basler Museum der Kulturen zitiert:

> »Tenzin Gönpo bittet zunächst in einem rituellen Gesang, den er selbst auf einer Handtrommel begleitet, die Geister des Jenseits um Erlaubnis, und dann kann das Fest beginnen.«[203]

Die Strategie funktioniert. Menschen werden getäuscht. Wenn zum Beispiel die Schweizer Bundesrätin Ruth Dreifuss (1993-2002 im Amt) zum Dalai Lama sagt: »Ihre Anwesenheit bewegt uns und ermöglicht uns den Zugang zur Botschaft der Toleranz und des Mitgefühls«[204], dann sträuben sich mir sämtliche Haare.

Eine gut formierte Lobby nutzt die hiesigen Sympathien für ein vertriebenes Volk bewusst aus, um die tantristische Vision der buddhistischen Weltherrschaft voranzutreiben. Die Sympathie der Gastgeber muss deshalb Grenzen haben. Dort nämlich, wo religiöse Welten und Praktiken Werte vertreten, die unserer eigenen, christlich geprägten Kultur diametral entgegenstehen. Vieles in der Gedankenwelt des tibetischen Tantrismus ist pervers, brutal und menschenverachtend. Das muss zum Thema gemacht werden.

Die sensiblen Bruchstellen sind dort, wo missionarische und magische Anstrengungen unter dem Deckmantel von kulturellen oder politischen Events unternommen werden. Graz ist ein Beispiel par excellence für diese Strategie. Es versteht sich von selbst, dass niemand die Kritik hören will. Die Gastgeber nicht, weil sie ihr gutes Geschäft nicht verlieren wollen. Die buddhistischen Förderer nicht, weil sie ihre spirituelle Mission nicht in Gefahr bringen wollen. Mantras und Moneten – niemand will sich diesen Segen entgehen lassen! Geld und Geist reichen sich einmütig die Hand.

Kein Wunder, dass Kritiker dieser ausgeklügelten Maschinerie an den Rand gedrängt, beschimpft, bedroht sowie als Verleumder, intolerante Fundamentalisten oder Verschwörungstheoretiker bezeichnet werden. Der Buddhismus muss weiterhin in unseren Köpfen friedvoll lächeln, der Dalai Lama darf nichts anderes sein als der tolerante »Ozean der Weisheit« und das alte Tibet muss der Hort spirituell-ganzheitlicher Glückseligkeit bleiben.

Was mich als christlichen Theologen und Seelsorger besonders trifft – und jetzt rede ich bewusst aus einer »mystisch-spirituellen Sicht«: Ich sehe hinter den Göttern, Dämonen und Ritualen mehr als nur ein bisschen Folklore. Lassen wir doch nur einmal für ein paar Sekunden unsere Fantasie spielen und schenken wir den Tibetern Glauben. Wenn die spirituellen Dinge wirklich so wären, wie sie uns die Tibeter selber definieren – was hätte das für uns zu bedeuten? Man mag das für ein Trugbild halten – ich glaube ihnen. Und ich nehme das alles sehr ernst, was sich da im dämonischen tibetisch-buddhistischen Pantheon vor uns entfaltet. Man mag getrost über Deutungen spiritueller Phänomene streiten. Aber eine Deutung macht deswegen ein Phänomen nicht wirkungslos. In und um Graz herum geraten Tausende oder Zehntausende Menschen in den Bann energetisch und magisch geladener Rituale und Gegenstände. Erneut wird etwas als Ritual der Toleranz, Versöhnung und Mitmenschlichkeit ausgegeben, was im Kern etwas ganz anderes ist – nämlich das genaue Gegenteil. Und das beschäftigt mich enorm.

Wird die notwendige Debatte und Aufklärung stattfinden? Oder werden wir weiterhin nach dem Motto leben: Alles ist dasselbe? Ich hoffe, dass Theologen, Pfarrer, Lehrer, Ethnologen, Ethiker und Geisteswissenschaftler diese unbequeme, aber notwendige Aufklärungsarbeit leisten werden. Wenn dieses Buch dazu beiträgt, hat es seinen Zweck erfüllt. Es ist sicherlich ergänzungsbedürftig. Und über manches wird man intensiv diskutieren müssen. Aber ich habe es mir nicht einfach gemacht. Und je länger ich mich mit der Materie beschäftige, umso dringlicher scheint mir dieses Anliegen.

Nach meiner intensiven Reise durch die kontroversen Themen des tibetischen Buddhismus stelle ich fest: Die vorgebrachten und von mir untersuchten Kritiken treffen in vielen Punkten tatsächlich den Kern der Sache. Uns Menschen in den westeuropäischen Ländern werden Halb- oder Unwahrheiten über die Inhalte und Praktiken des Tantrismus erzählt. Die Motive dazu mögen verschieden sein: Schwärmerei, Zivilisationsmüdigkeit, Geldgier, Sympathie für ein Volk im Exil oder gezielte Strategie zur Verbreitung des Buddhismus. Aber das darf nicht das letzte Wort bleiben.

Sollte der tibetische Buddhismus in seiner ursprünglichen Ausformung tatsächlich Fuß fassen im Herzen Europas, droht uns eine neue Barbarei. Dem sollten wir entschieden und ohne falsche Scham die besten Qualitäten des Abendlandes entgegenhalten: Die Zehn Gebote der jüdischen Thora, das christliche Evangelium von der gottgeschenkten Erlösung und Nächstenliebe und – nicht zuletzt – die Grundwerte der Demokratie. Wer diese Haltung als intolerant oder fundamentalistisch verdächtigt, hat noch nicht begriffen, wessen Geistes Kind der tibetische Tantrismus ist.

Wie es seither weiterging – eine Art Epilog

Die Publikation der ersten beiden Auflagen dieses Buches hat – zusammen mit anderen kritischen Büchern – ziemlich viel Staub aufgewirbelt. Egon Kapellari, Bischof von Graz-Seckau, wagte aufgrund unserer Aufklärungsarbeit gar einen Hirtenbrief, in dem er den Katholiken davon abriet, an der *Kalachakra*-Initiation in Graz teilzunehmen. Das hat ihm empörte Kritiken eingetragen. Freikirchlich geprägte Christen verteilten Hintergrundinformationen über den Inhalt des *Kalachakras*. Die Reaktionen der Lama-Lobby blieben, wie erwartet, nicht aus. »Kreuzzug gegen die Kalachakra« titulierte z.B. die »Kronenzeitung« im Mai 2003 und drehte damit den Spieß um. Nicht die lamaistischen Rituale seien Ausdruck eines fundamentalistisch-magischen Weltbildes, sondern die Kritik daran. Und die Veranstalter, allen voran Manfred Klell, Organisator des Happenings, zeigten sich angesichts der Kritik »bestürzt«. Denn die Angriffe würden auf einer »unzureichenden Interpretation der Schriften« beruhen. Schade, das Klell die Leser nicht wissen ließ, was bei diesen *Kalachakr*a-Initiationen so alles gelehrt wird. Originalton Khamtrul Rinpoche zur Einführung des *Kalachakra*-Rituals in New York durch den Dalai Lama:

> »Das Kalachakra-Tantra bezieht sich sehr stark auf das Königreich von Shambhala im Norden. [...] Mein Gefühl sagt mir, dass Shambhala existiert. Andernfalls wäre es schwierig, die Aussage zu akzeptieren, dass Shakyamuni Buddha das Kalachakra-Tantra gelehrt hat und dass es anschließend sieben Dharma-Könige und 21 Stammhalter gab. [...] Wie ich es verstehe, ist der Kulika Pundarika [der aktuelle König in Shambhala, Anm. d.A.] oder Pema Karpo dieselbe Person wie Seine Heiligkeit, der derzeitige Dalai Lama. Meine Gefährtin [ein visionäres Gegenüber, Anm. d.A.] hat mir gesagt, dass der letzte Kulika ›Rudra mit dem Rad‹ heißen wird, sein Name bedeutet

> wörtlich: ›der mächtige und grausame König, der ein eisernes Rad in der Hand hält‹. Er wird niemand anderes sein als Seine Heiligkeit, der Dalai Lama, der alles im Universum unterwerfen wird. Ich fragte sie, wie er mit Pfeil und Bogen die leistungsstarken modernen Waffen bezwingen werde. Sie bat mich, mir darüber keine Sorgen zu machen. Denn aufgrund der Kraft des Karmas entstehen im Königreich Shambhala, egal welche zerstörerischen Waffen wir in dieser Welt herstellen, automatisch gleichwertige Gegenwaffen. Sie sagte: ›Die Waffen, die ihr in eurer Welt erschafft, erschafft ihr aufgrund von Experimenten mit verschiedenen Materialien. Aber die Abwehrsysteme von Shambhala haben die Eigenschaft höherer Weisheit und sind viel stärker.‹«[205]

Der damalige Bürgermeister von Graz, Alfred Stingl, gab zwar in einer Anfrage zu, dass dieses religiöse Happening unterstützt werde, und zwar »vom Land Steiermark und durch eine finanzielle Förderung der Österreichischen Bundesregierung«.[206] Ebenso, dass die Einladung des Dalai Lama »auf mehrjährigen, guten Kontakten zum Dalai Lama« fuße. Aber natürlich habe das alles nichts mit magischen Ritualen zu tun.

Die buddhistische Union in Österreich legte nach und interpretierte alles als reine Phantasmen irgendwelcher fundamentalistischen Verschwörungstheoretiker. »Alles Unsinn!«, beteuerte zum Beispiel Alexander Berzin angesichts der Schilderung der gewalttätigen Dimension von *Kalachakra* in einer Sendung des ORF. Im Gespräch mit Mathilde Schwabeneder erklärte er, es »gehe vor allem um die Entwicklung von Altruismus«.

Derselbe Alexander Berzin hatte allerdings ein Jahr zuvor einen Artikel verfasst, in dem er das genaue Gegenteil sagte, dass nämlich die heiligen Kriege längst nicht nur symbolischer Natur oder nur symbolhaft zu interpretieren seien. Der Buddhismus selber kenne beide Interpretationen, so nachzulesen in seinem Artikel: »Holy Wars in Buddhism and Islam: The Myth of Shambhala«[207]. Berzin sieht in den heiligen buddhistischen Kriegen eine enge Parallele zum islamischen Djihad und vermerkt, dass die rein symbolische Auslegung des buddhistischen Konzeptes ziemlich naiv und blauäugig sei: »Aber man darf bezüglich des Buddhismus nicht blauäugig sein und denken, dass er gegen dieses Phänomen immun ist.«[208]

Oder wie Dr. Shé D'Montford, Ehrendoktorin in Religion und Philosophie, spezialisiert auf tibetischen und hinduistischen Schamanismus und altes Kriegsrecht schreibt:

»Im Gegensatz zu der im Westen überwiegenden Vorstellung, der tibetische Buddhismus sei eine friedliebende Religion, ist seine Geschichte geprägt von Unterdrückung und Blutvergießen, vergleichbar mit der Geschichte der Besetzung Tibets durch die Chinesen. Die Vorstellung, dass im Namen des Buddhismus Verschwörungen, politische Intrigen, Morde an Müttern, Brüdern und Kindern, Thronfolgerivalitäten unter Geschwistern, Hexenverfolgung, Inquisition, Massenfolterung und Genozid begangen wurden, dürfte viele westliche Menschen schockieren. Auch mich hat es schockiert zu erkennen, dass die politische Geschichte Tibets in dieser Hinsicht der jeder anderen Nation gleicht. Ich wollte an das Bild glauben, das überall in der buddhistischen Literatur verbreitet wird. Ich wollte der offiziellen buddhistischen Version vertrauen, die besagt, dass der Buddhismus sich in Tibet allein durch ideologische Überzeugungsarbeit und Debatten als Theokratie etablierte. Ich wollte daran glauben, dass Shakyamuni Buddha im Jahr nach seiner Erleuchtung (etwa 460 vor Chr.) mit dem König von Shambhallah, Dawa Sangpo, einem Anhänger des Gottes Shiva, der auch unter dem Namen Sucandra bekannt war, öffentlich über die Bedeutung des Kalachakra Tantra diskutierte. Überzeugt von Buddhas inspirierenden Darlegungen gaben der König und seine Untertanen und schließlich ganz Tibet daraufhin ihren vormaligen kriegerischen Lebenswandel auf und begannen, Meditation und Barmherzigkeit zu praktizieren. Diese offizielle Version führte zu der verbreiteten Überzeugung, dass der Buddhismus sich in Tibet etablierte, indem er Herz und Verstand eines wilden, kriegsmüden, ungebildeten Volkes, das keine eigene Religion besaß, mit friedlichen Mitteln eroberte. Das entspricht schlicht und einfach nicht der historischen Wahrheit. Die Machtergreifung des Buddhismus ist mit ebensoviel Blutvergießen verbunden wie die der katholischen Kirche.«[209]

Interessant auch zu wissen, dass der Dalai Lama die tibetischen Truppen im Kampf gegen militante Muslime im Kaschmir-Gebiet persönlich segnete. So schrieben Yoichi Clark Shimatsu und Leeroy Betti am 5. August 2001 in der »Baltimore Sun«:

»Dann gerieten in einem brutalen Gebirgskrieg rund um Kargil die Soldaten aus Kaschmir mit den Kundschaftern aus Ladakh der indischen Armee aneinander, eine viertausend Mann starke paramilitärische Einheit aus Buddhisten und tibetischen Kommandotruppen. Gerade als die Kämpfe in Kargil ausbrachen, besuchte der Dalai Lama zufällig Jivay Tsal, seine prunkvolle Residenz bei Choklamsar, dem sich ausbreitenden tibetischen Flüchtlingslager außerhalb von Leh. Tibetische Mönche und Lehrer, die im Lager befragt wurden, sagten aus, dass das geistliche Oberhaupt der Tibeter den buddhistischen Soldaten unter den Ladakh-Kundschaftern seinen persönlichen Segen erteilt habe. Indische Presseberichte erwähnten ebenfalls die unterstützende Rolle des Dalai Lamas.«[210]

Von evangelischer Seite her startete die Lama-Lobby dann eine schwere Attacke gegen Autoren wie Trimondi, Goldner, Kamphuis und den Autor dieses Buches. So wurde über Max Deeg, seines Zeichens Professor für Religionswissenschaft an der Universität Wien, eine »Stellungnahme zu Dalai Lama/Kālachakra-Tantra/

Bücher ...« lanciert und an die evangelischen Kirchen Österreichs verteilt. Dort steht als Fazit:

> »Bei aller Kritik, die von einem religionshistorisch argumentierenden Beurteilenden an einer Massenveranstaltung wie den Kalachakra-Initiationen des Dalai Lama geübt werden kann, ist m.E. von offiziell kirchlicher Seite ein Eingehen auf eine sektendemagogische oder hysterieartige Kritik des Dalai Lama, des tibetischen Buddhismus und des Buddhismus insgesamt, wie sie auf religionshistorisch eklektischanachronistische Weise von den Trimondis und von Waldvogel-Frei in direktem Anschluss an die beiden Münchener geübt wird, wenig sinnvoll.« [211]

Bemerkenswerterweise schreibt derselbe Gelehrte in demselben Text zuvor:

> »Ich werde aus diesem Grunde auch nicht weiter auf die genannten Werke eingehen, sondern mich im Folgenden auf die von Superintendent Miklas vorgebrachten Punkte konzentrieren.«[212]

Und so blieb es denn auch bei dieser verbalen Attacke, ohne dass die konkreten Punkte widerlegt wurden.

Da die Kritik aber nicht verstummte, versorgte Ulrich Dehn von der Evangelischen Zentrale für Weltfragen (EZW) die Lobby mit neuem Material. In einem Fax an alle Pfarrämter und Dienststellen im Dekanatsbezirk versuchte man am Vorabend des Kalachakra-Rituals die beunruhigten Gemüter der christlichen Gemeindeglieder zu beschwichtigen. Wörtlich heißt es dort:

> »Stattdessen handelt es sich im Eigenverständnis des tibetischen Buddhismus um Übungen der geistigen Transformation und Integration zerstörerischer Kräfte im Menschen.

Ihr Zweck ist also gerade die innere Überwindung von Gewalt, Intoleranz und Krieg.«[213]

Diese Erklärung wurde dann auch gleich ins Internet gestellt (z.B. im »kathnet«). Als ein lutherischer Theologe daraufhin mit der Meinung reagierte, dass diese »Stellungnahme« der Thematik wohl alles andere als gerecht werde, schrieb Dehn:

»Mein Text, auf den Sie sich beziehen, war eine kurze Presseerklärung, keine Stellungnahme. Schon gar nicht konnte es darum gehen, schlechten Büchern zu Publizität zu verhelfen, die sie nicht verdient haben.« [214]

Dehn verfasste ein weiteres Papier mit dem Titel »Buddhisten und Gewaltfreiheit – gesehen von einem christlichen Religionswissenschaftler«, um den Kritikern den Wind aus den Segeln und den Dalai Lama aus der Schusslinie zu nehmen:

»Es geht vor allem um die Behauptung, der Dalai Lama verbinde mit der Benutzung des Kalachakra und entsprechenden öffentlich abgehaltenen Einweihungen den Aufruf zum Anstreben der Weltherrschaft, missbrauche Frauen sexuell unter spirituellem Vorwand [Gerade das haben die Kritiker nicht behauptet, sondern die Ausbeutung des Weiblichen als spirituelles Merkmal per se des Kalachakra hervorgehoben!, Anm. d.A.] und bediene sich selbst undemokratischer Praktiken wie der Befragung von Orakeln. Abgesehen von der fragwürdigen Hermeneutik gegenüber Texten, die überwiegend mythisch-metaphorischen Charakter haben, ist auch bedenklich, dass das Selbstverständnis und die gegenwärtige Selbstdarstellung des tibetischen Buddhismus im Exil kaum eine Rolle in der Argumentation der Kritiker spielt, von der zynischen Verharmlosung der Verhältnisse im chinesisch besetzten Tibet durch den Münchner Autor Colin Goldner ganz zu schweigen. In unserem Rahmen heißt das, dass die Kalachakra-Kritik der Trimondis nicht als stichhaltiger Nachweis von Gewaltanwendung im Buddhismus betrachtet werden kann. Dass Lama Ole Nydahl die Gewaltfreiheit im Buddhismus als ein Zeichen von Schwäche betrachtet, ist evtl. ein Sonderproblem.«

Dann attackierte Ursula Baatz im ORF-Ö1 in der Sendung »Religion aktuell« vom 21.9.2003 die Trimondis mit ihrer Kalachakra-Interpretation als veraltet. Selbstverständlich dürften die schwierigen Passagen über Sexualität, Mord und Unmoral nur symbolisch verstanden werden. Die Pointe der Geschichte: Baatz selber ist Redaktorin der größten buddhistischen Zeitschrift Österreichs (»Ursache und Wirkung«) und tritt im Habitus einer neutralen Wissenschaftlerin auf. Und noch peinlicher: Das aktuelle Buch der Trimondis hatte sie gar nicht gelesen. Sie wiederholte dabei nur alte Internet-Rezensionen!

Die Deutsche Buddhistische Union versuchte daraufhin innerhalb der eigenen Reihen für etwas Ruhe zu sorgen. Das Internetorgan »chödzong« der DBU schrieb:

> »Bisher hat die DBU noch keine Presseerklärung veröffentlicht, an der aber intern gearbeitet wird. Wir möchten der DBU nicht vorgreifen und daher keine gesonderte Chödzong-Verlautbarung herausgeben, wollen aber wenigstens auf zwei Wortmeldungen von nicht-buddhistischer, unparteiischer Seite hinweisen, die wir sehr zutreffend finden. Es handelt sich um eine Presseerklärung der Evangelischen Zentralstelle für Weltanschauungsfragen Berlin und einen Kommentar der österreichischen Journalistin Ursula Baatz vom ORF.«[215]

Peter Riedl von der Buddhistischen Union sah sich dann doch genötigt, die Vorwürfe aufzugreifen. In seinem Artikel »Weisheit, Liebe, Gelassenheit oder: Wie die Dinge wirklich sind« im österreichischen »Standard« verspricht er Aufklärung. Und die sieht dann so aus: »Aus Unkenntnis der buddhistischen Praxis haben sie die Texte, im Gegensatz zur Lehrmeinung (Berzin, Steinbereitner, Tauscher etc.), offensichtlich wörtlich interpretiert und können oder wollen nicht sehen, was sie wirklich sind: Anleitungen für einen Übungsweg zur Überwindung des Egoismus.«[216] Mehr konnte oder wollte er zu den konkreten Punkten nicht sagen. Derselbe Peter Riedl bekennt im Impressum von »Ursache und Wirkung« (4/2000):

> »So wie die meisten Menschen im Westen war auch ich mit dem Vorurteil aufgewachsen, Sexualität sei etwas Schmutziges und Verbotenes. Und nun war ich in Indien mit Sexualität als etwas Heiligem in Berührung gekommen. Erst viel später habe ich erkannt, dass Tantra letztlich nichts mit Sexualität zu tun hat und dass alles heilig ist.«[217]

Und im Gefolge schwärmt er dann verballhornt unter dem Titel »Kosmischer Orgasmus« über die tantrischen Erfahrungen – immer so, dass man verstehen kann, worum es geht – wenn man will. Ein paar Seiten weiter in derselben Nummer sagt Dzogchen Ponlop Rinpoche interessante Sätze zum Thema:

> »Mönche und Nicht-Mönche können den tantrischen Buddhismus praktizieren. Manche tantrischen Belehrungen sehen aus, als ob sie den mönchischen Ordensregeln widersprächen. Doch dies ist ein Missverständnis, das durch oberflächliches Hinschauen entsteht. Tantra widerspricht überhaupt nicht dem mönchischen Leben, doch man braucht kein Mönch zu sein, um Tantra zu praktizieren. [...] Besonders im Westen gibt es viele Missverständnisse, wenn man von Tantra spricht. Menschen verbinden damit irgendwelche sexuelle Übungen. Das ist ein Missverständnis. Es gibt im Tantra viele Unterweisungen, welche die Arbeit mit der Energie der Emotionen betonen. [...] Es gibt einen großen Unterschied

zwischen dem Schwelgen in diesen Emotionen und ihrem Transzendieren.«[218]

Und wer es immer noch nicht glaubt, kann im selben Heft die Aussage von Tulku Chökyi Nyima Rinpoche nachlesen:

»Sie [d.h. die Westler] fühlen sich regelrecht davon angezogen, dass im tantrischen Buddhismus sexuelle Praktiken zur spirituellen Verwirklichung benutzt werden.«[219]

Da die Kritik beharrlich blieb, schob die Lama-Lobby über die EZW in Berlin ein erneutes Pamphlet nach, diesmal verfasst von Christian Ruch. Dort heißt es als Fazit über die verschiedenen kritischen Schriften:

»Spätestens an dieser Stelle erscheint Waldvogel-Frei's Buch als untauglicher Diskussionsbeitrag aus einem fundamentalistischen Ghetto heraus und unterscheidet sich vom Niveau daher nur unwesentlich vom neuen Trimondi-Werk.«[220] (Gemeint ist »Hitler, Buddha, Krishna – eine unheilige Allianz«).

Christian Ruch – die Pointe der Geschichte – war zu jenem Zeitpunkt in leitender Verantwortung der »Gesellschaft Schweizerisch-Tibetische Freundschaft«, gut bekannt mit dem Dalai Lama und ab und zu auch unterwegs in Tibet und Dharamsala. Auf die Anfrage an die EZW, ob diese personelle Verstrickung nicht doch etwas zu stark auf das Ergebnis der Kritik an diesem vorliegenden Buch gewirkt habe, wusch man in der EZW die Hände in Unschuld. Immerhin gab man zu, dass Ruch sich persönlich als freier Mitarbeiter anerboten habe, eine Rezension zu schreiben. Aber selbstverständlich war man nicht bereit, eine Gegendarstellung oder gar eine Debatte innerhalb der EZW zuzulassen.

Die Anfragen des Autors an das Tibet-Institut in Rikon wurde dahingehend beantwortet, dass kein verantwortungsbewusster

Lehrer »je einen Schüler zu einer tantrischen Technik verführen würde, wie sie in der vorliegenden Schrift beschrieben werde«.[221] Die zentralen Fragen blieben unbeantwortet. Immerhin lässt eine Schrift von Peter Grieder, Kurator des Instituts, einiges durchblicken:

> »Die grundsätzlich als geheim geltenden tantrischen Schriften kennen zwei Schulen: den Weg des ›Vamacara‹ (Linkshändiger Weg), der die sexuelle Vereinigung der Gottheiten in der Form eines streng geheim gehaltenen Rituals physisch nachvollzieht [...] Der ›Linkshändige Tantrismus‹ galt schon immer als gefahrvoll. Ohne äußerst strenge spirituelle Disziplin führt er mit Sicherheit nicht zur angestrebten Erfahrung der letzten Wirklichkeiten, der Erleuchtung, sondern lediglich zu ungezügelten Riten und sexuellen Ausschweifungen.«[222]

Also doch!

Die grässlichen Praktiken, die in »Der Schatten des Dalai Lama« beschrieben werden, sind bis heute Realität. Keith Dowman schreibt noch relativ verhalten in »Geheimes heiliges Tibet«:

> »Der Begriff der ›heiligen Substanzen‹ kann sich aber auch konkreter auf die Zubereitungen beziehen, die in tantrischen Ritualen speziell für die Verteilung unter den Gläubigen hergestellt werden. In tantrischen Opferritualen sind die beiden Hauptsubstanzen jene, die Blut und Samen (rakta und dudtsi), das ›Rote‹ und das ›Weiße‹, also die weibliche und die männliche Sexualflüssigkeit, symbolisieren. Sie können durch eine ganze Reihe von Stoffen, vor allem rote und weiße Flüssigkeiten vertreten werden, zu denen sicher auch Alkohol gehört, der Spuren von Menstruationsblut und Samen enthalten kann, aber nicht muss. Die Opfergabe des weiblichen Teiles kann auch durch Fleisch symbolisiert werden. [...] Die verschiedenen Tantras empfehlen verschiedene Rezepte für diese

> Ambrosia, die jeweils auch verschiedene Wirkungen erzielen. Wenn es um den Segen eines lebenden Lama geht, dann werden die Körperflüssigkeiten dieses Lama das überaus heilige Ingredienz sein. Wenn der Lama aber schon in ein anderes Leben hinübergegangen ist, dann kann die Mischung pulverisierte Reliquien von ihm enthalten.«[223]

Ein mit mir befreundeter Theologe und international weit gereister christlicher Lehrer, bringt es schon deutlicher auf den Punkt:

> »Im indischen Ujjain, einer Stadt mit rund 1000 Tempeln (eine der vier heiligen Städte Indiens), konvertierte kürzlich ein ›Saddhu‹ (ind. »weiser Mann«) zum Christentum. Er führte uns in die Kreise der Saddhu-Schulen ein. Den Zutritt erhielten wir durch ein nur den Eingeweihten bekanntes Mantra. In vielen Saddhu-Schulen spielt die Sexualmagie eine zentrale Rolle. Und diese Rituale stammen aus dem indischen Grenzbereich des Nordens (Nepal, Tibet). Wir wurden mit einem Saddhu bekannt gemacht, der uns berichtete, wie er zu seinen magischen Kräften kommt. Er nimmt die Leichen junger Frauen entgegen, schneidet deren Brüste ab, verspeist sie und verbrennt die Leiche anschließend. In derselben Stadt wurden wir zu einem andern Saddhu geführt, der in einem unterirdischen Höhlensystem eines Ashrams praktiziert und uns seine Methode erklärte. Schon von weitem rochen wir den Geruch von verbranntem Menschenfleisch. Nachdem wir mehrere Treppen hinuntergestiegen waren, sahen wir einen Leichenverbrennungsort. Dieser Saddhu praktiziert zuerst mit den Leichen von jungen Frauen einen nekrophilen Geschlechtsakt, verbrennt die Leichen und streut sich anschließend die Asche der Knochen über den Körper. Dann wurden wir mit einem Priester aus einer andern Schule bekannt gemacht. Er praktiziert magische Ferntötung mit Hilfe menschlicher Haare (des Opfers). Dazu bietet er seine Dienste an. Unter anderem

> zeigte er uns auch eine Liste, auf welcher die erfolgten Ferntötungen aufgeführt waren.«[224]

Auf die westeuropäischen Diskussionen über eine literarische oder symbolische Interpretation der sakralen Texte angesprochen, antwortete mein Kollege: »Die Leute sollten sich das einfach einmal ansehen. Dann hätten die Diskussionen ein rasches Ende. Dieses besänftigende Schönreden ist meines Erachtens ein typisch westliches Phänomen, das die Realitäten nicht wahrhaben will. In Ländern wie Indien, Nepal, Bhutan oder Tibet ist das doch absolut kein Diskussionspunkt. Es ist einfach da.«[225]

Insgesamt waren es vor allem die Religionswissenschaftler evangelischer Herkunft, die sich schützend vor den *Vajrayana*-Buddhismus stellten und zu verhindern suchten, dass ein wirklicher kritischer Dialog zustande kam. Den Dalai Lama galt es unbedingt zu schützen und aus der Schusslinie zu halten. Verbale Einschüchterung, Marginalisierung oder Fundamentalistenkeule waren die üblichen Mittel, um die Kritiker zum Schweigen zu bringen, dazu die üblichen Allgemeinplätze (alles ist nur symbolisch zu verstehen, darf nicht so gelesen werden, wird nicht so interpretiert usw.) und nicht selten eine Prise Arroganz. Um es mit den warnenden Worten eines Verlegers zu sagen: »Wenn Sie das veröffentlichen, dann werden Sie die ganze Macht des Buddhismus zu spüren bekommen! Überlegen Sie es sich gut!«

Nun, der Autor hat es sich überlegt.

So mancherlei Ungereimtheiten gäbe es noch zu erwähnen. Doch die paar Beispiele sollen genügen. Die Wahrheit schmerzt manchmal – gerade dann, wenn man sich persönlich in einer spirituellen Tradition eingebunden weiß. Als christlicher Theologe weiß ich, wovon ich rede.

Dennoch: Warum der Wahrheit nicht ins Auge blicken?

Neben den unschönen Tönen aus den lamaistischen Anhängerkreisen – die zu erwarten waren – zeigte die Kritik aber auch ihre Wirkung. Oder wie der Schweizer Religions- und Sektenspezialist

Georg Schmid einmal formulierte, nachdem er sich von der Beobachterrolle gelöst hatte:

> »Wir stehen in der Gesetzesberatung sozusagen immer noch in der Eintretensdebatte. Die sog. Wissenschaftler haben im Anschluss an sog. Buddhisten Nichteintreten beschlossen. Ich votiere für Eintreten und tue dies zugegebenermaßen recht wohlwollend-herablassend. In dieser Rolle möchte ich nicht stecken bleiben. Die Sachdebatte muss folgen.«[226]

Was man nach außen hin nicht zugeben mochte, förderte innerhalb der buddhistischen Reihen zunehmend kritische Diskussionen. So erhielt der Autor von verschiedenen Seiten auch Zustimmung von Insidern. Männer und Frauen meldeten sich, die genau die kritisierten Punkte bestätigten. Die weiteren Recherchen auch innerhalb der Fachliteratur brachten immer mehr erhärtendes Material an die Oberfläche, sodass eigentlich schon ein neues Buch fällig wäre.

Ein Mann mittleren Alters, der früher im Leitungsstab eines der größten Kagyu-Zentren in Deutschland war, schrieb zu seinen Erfahrungen:

> »Ich habe mich dann nach intensiver Suche nach einem geeigneten Lehrer zehn Jahre lang als Schüler von Tenga Rinpoche verstanden, war fünf Mal für mehrere Monate bei ihm in Kathmandu, habe viele seiner Reisen durch Europa mitgemacht, habe Tibetisch gelernt und war überzeugter Buddhist. Ich habe viele Einweihungen und Gelübde genommen, sehr viele Unterweisungen bekommen, und versucht, den Erwartungen zu entsprechen, die ich in dieser Zeit aufgebaut habe. [...] Ich habe mich 1991 nach 14 Jahren buddhistischer Orientierung bewusst vom tibetischen Buddhismus abgewendet. Der Hauptgrund lag für mich in unüberwindlichen kul-

turellen Barrieren. Krass ausgedrückt: Ich habe mich geweigert, meine Kinder im Sinne der Belehrungen der Lamas mit Schlägen zu erziehen, und ich konnte die gängige Praxis in den Klöstern, Kinder wörtlich mit der Peitsche zu drillen, nicht billigen. [...] Eine weitere Gefahr sehe ich in der weiten Anwendung von Gelübden, deren geistige Konsequenzen von den meisten Schülern gar nicht begriffen werden. Es sind Schwüre, die abgelegt werden, z.B. eine bestimmte Praxis ein Leben lang täglich auszuüben. Jedes dieser Gelübde ist mit Strafen verbunden, z.B. ›Wenn ich dieses Gelübde breche, werde ich in der Vajra-Hölle wiedergeboren‹. So wird geistige Befreiung – darum soll es im Buddhismus gehen – mit Angst vor der Bestrafung im nächsten Leben gekoppelt. Das ist eine Absurdität in sich. Ich hatte wegen meiner Gelübde über Jahre Angstzustände, als ich mich vom Buddhismus getrennt habe.«[227]

Das Trimondi-Buch, nun in englischer Sprache im Internet zugänglich, löste innerhalb der buddhistischen Community die fälligen Diskussionen aus. Verschiedene direkt betroffene Personen meldeten sich zu Wort. Gerade auch Frauen fühlten sich ermutigt, über ihre aus Scham und Angst verschwiegenen Erfahrungen zu reden. Der Autor selber hatte Kontakt mit direkt betroffenen Frauen. Es gab einige, die nach Jahren der Praxis ausgestiegen waren, aber sich seither immer noch spirituell von ihrem Lama »ausgesaugt« fühlten. Eine von ihnen konnte sich nicht erklären, was da genau mit ihr geschah. Erst als sie auf einen Artikel des Autors aufmerksam geworden war, begann sie zu begreifen, warum ihr Lehrer sie immer noch auf feinstofflichem, telepathischem Weg »energetisch anzapfte« – obwohl sie längst nicht mehr seine Gefährtin war. Er hatte sie verinnerlicht und brauchte ihre äußere Erscheinung nicht mehr, um Autorität über ihre Weiblichkeit zu gewinnen.

»Wenn Sie das jemandem zu erklären versuchen«, sagte sie mir verzweifelt, »landen Sie in der psychiatrischen Klinik, weil Ihnen das niemand abnimmt! Ich bin körperlich und seelisch ein Wrack und kaum mehr fähig, die einfachsten Dinge des Alltags zu tun.«[228]

Eine andere Frau schrieb mir lange Briefe darüber, wie sie das erlebt hatte und noch erlebt. Auch sie hat sich längst vom Lama gelöst und fühlt sich immer noch manipuliert und missbraucht. Und sie schilderte exakt dieselben Gefühle. Auch sie hatte extreme Konzentrationsschwierigkeiten und Mühe, überhaupt für eine längere Zeit konzentriert an einem Thema zu bleiben. Als ich sie zum ersten Mal persönlich traf, glitt sie während des Gesprächs immer wieder in einen schlafähnlichen Zustand. Als Seelsorger und Theologe war mir dieses Phänomen aus dem Okkultismus natürlich nicht unbekannt. Sie beschreibt ihre Empfindungen während und nach dem imaginierten Ritual durch den Lama folgendermaßen:

> »Ab dem Moment, wo das tantrische Ritual beginnt – die virtuelle Vergewaltigung, Zerstörung – ist der Seele sofort klar, [sic!] dass es die Zerstörung, die Zerstörung des menschlichen Herzens zum Ziel hat. Jedenfalls war es bei mir so – man hört die eigene Seele. [...] Ich habe es sogar gehört, aber der Geist ist völlig usurpiert vom Lama und kann nicht reagieren. Ich habe wie ein Automat mit diesem Lama geredet – ich habe meinen Seelenchor in die Welt gesprochen – es ihnen auch als Mensch gespiegelt, was sie tun – nicht begreifend, dass jemand (der ausschaut wie ein Mensch) zu so etwas fähig ist, so etwas reden kann (2 Jahre lang). [...] Und mit der schlussendlichen ›Selbstzerstörung‹ des Weiblichen, der Frau, glauben sie, sie seien frei von Schuld und sie (die Frau) würde ihnen verzeihen; wobei dieses dauernde und scheinheilige um Verzeihung bitten, nach einem Massaker, nach stundenlanger Folter [sic!] – nur sie selber meint, die Frau existiert nicht als Wesen, die Bitte um Verzeihung ist genauso hohl, genauso leer. Nur sie selbst exis-

tieren für sich und ihr Allmachtswahn [sic!] und im Gegensatz zu Satanisten machen sie sich noch selbst ›das Gute‹ vor. Eine scheinheilige, widerwärtige Dämonenpartie. Selbst das OM Mani Padme Hum des Buddhas des Mitgefühls benutzen sie zu Folterzwecken. [...] Das Bewusstsein der realen Frau wird manipuliert (viele der Frauen bilden sich dann ja auch noch ein, sie seien auf einem spirituellen Weg, meditieren brav und machen Retreats, befragen die Lamas zu Lebensfragen und allen Problemen).«[229]

Es ist diese tiefe Verletzung und fast vollständige Zerstörung der Personalität, die einem immer wieder begegnet. Auch andere Frauen erzählen übereinstimmend dieselbe Geschichte. So zum Beispiel eine Amerikanerin:

»Ich bin ein Opfer von gravierendem Missbrauch: emotional, sexuell und durch ›schwarze Magie‹.«[230]

Oder eine Österreicherin:

»Als seit vielen Jahren praktizierende Buddhistin teile ich voll, wenn auch mit Bedauern, die Kritik der Autoren am tibetischen Buddhismus und dessen frauenfeindlichen, manipulativen Sexualpraktiken. Ich selbst habe als Frau, unter strengstem Verbot, darüber zu sprechen, sexualmagische Rituale mit meinem Rinpoche durchführen müssen. Und obwohl er mir diese als unumstößliche Notwendigkeit und als besondere Initiation für meine Erleuchtung verordnete, habe ich zutiefst darunter gelitten und mich als Frau gedemütigt gefühlt. Die magischen und emotionalen Konsequenzen davon waren anschließend für mich so belastend, dass ich nicht ohne therapeutische Hilfe auskommen konnte. Mehrere buddhistische Freundinnen von mir haben sich vor allem nach dem Erscheinen des erschütternden Frauenberichtes der Kalu

Rinpoche Schülerin June Campbell getraut, mir von ähnlichen ›Initiationsriten‹ zu berichten.«[231]

Oder die amerikanische Buddhistin mit Namen Pema Zangmo:

> »Ich behaupte, dass das Mitgefühl des Lamas nicht seiner Partnerin, sondern sich selbst gilt. Es ist eine Art von Vampirismus, weil die spirituelle Energie der Frau aus ihr herausgesaugt wird. Sie hat dem Lama geglaubt, dass er mit ihr alle Grenzen überschreiten wird. Aber sie entdeckt, dass sie aufgrund ihres Geschlechts missbraucht wurde und ganz leicht weggeschickt werden kann, wann immer er das möchte, ohne ein Gefühl der Loyalität ihr gegenüber oder die Sorge um ihr Wohlergehen.«[232]

Eine andere Frau schrieb in einem persönlichen Mail aus den USA folgende Zeilen:

> »Als ich mich mit verschiedenen Mönchen und Lamas unterhielt und einige der Tantras las (ohne die »Bevollmächtigung« das zu tun), wurde mir außerdem klar, dass sie Sex in einer ›gefühllosen‹ Weise benutzten. Ich erfuhr viel offene Verachtung, besonders wenn ich irgendeine Art von aufrichtiger menschlicher Wärme oder Freundlichkeit zeigte. Ich glaube auch, dass dort viel Bewusstseinskontrolle stattfand, indem der suggestive Zustand nach der Hypnose missbraucht wurde. Ich erlebte viele Beispiele von Telepathie, die deutlich dazu gedacht waren, mich bis zur Unterwürfigkeit einzuschüchtern, genau wie einige einfache, betrügerische Bühnenzauber mit dem gleichen Ziel. Je länger ich bei diesem Kult blieb, desto offener wurde der Missbrauch durch die älteren Mitglieder und desto mehr Einschüchterung und Furcht erlebte ich.«[233]

In den Interviews und seelsorgerlichen Gesprächen mit diesen Opfern hatte ich zu Beginn ein etwas seltsames Gefühl. Ich war mir im ersten Augenblick nicht sicher, ob hier nicht einfach eine religiöse Neurose, Schizophrenie oder etwas Ähnliches vorlag. Aber nachdem sich diese Muster bei unterschiedlichsten Personen wiederholten, wurde mir klar, dass dies ein wiedererkennbares Merkmal derart spirituell missbrauchter Personen ist.

Interessant ist, dass auch homosexuelle Akte auf dem Weg zur Erleuchtung benutzt werden. Dazu wurden und werden junge Männer oder gar Knaben rekrutiert. Man nennt diese passiven männlichen Sexpartner »Drombo«. Geshe Tashi Tsering berichtet, wie er als Zehnjähriger für die Tanztruppe des Dalai Lamas rekrutiert wurde und sich entschied ein Drombo zu werden. Diese Praxis sei weitverbreitet gewesen.

> »Die Frauen, die bei den tantrischen sexuellen Erlebnissen mit den Mönchen ›benutzt‹ wurden, machten aus freiem Willen mit, weil sie glaubten, dass sie dadurch im nächsten Leben eine Straße zur Erleuchtung und Belohnung beschreiten werden. Die Jungen taten es aus demselben Grund. Es geht nicht so sehr um rituellen Sex in einer Versammlung oder auf einem offenen Platz, sondern es ist privat. Es geschieht alles mit dem Versprechen von verheißungsvollen Momenten, einer Belohnung und einem Verdienst im nächsten Leben.«[234]

Ein Mann aus Basel beschrieb die Mechanismen folgendermaßen:

> »Gerne möchte ich aber noch vorher auf eine Frage in Ihrem Buch eingehen. Sie fragen auf S. 79, warum denn Menschen wahnsinnig bzw. besessen werden können, wenn es sich bei den Visualisationen nur um Trugbilder handelt. Ich kann ihnen das aus eigener Erfahrung erklären, ich habe viel Erfahrung mit tantrischen Visualisationen. Für die Psychologie ist das Korrektiv gegen den Wahn immer die Realität dieser Welt, und

so versucht man zwischen Wahn und Wirklichkeit zu unterscheiden. Im tantrischen Buddhismus macht man etwas viel Gefährlicheres, man lässt die Realität dieser Welt nicht als Korrektiv gelten, da sie selbst als Trugbild angenommen wird. Man visualisiert also andere Realitäten, und diese haben zum Ziel, ganz bewusst das Realitätserleben dieser Welt aus den Angeln zu heben. Wenn dann eine Tendenz zum Wahn entsteht, und das ist bei tiefer Meditation und Visualisation leicht möglich, kann man also nicht sagen, komm wieder auf diese Welt, denn die soll ja genau als Täuschung erkannt werden. Nun wird es noch gefährlicher: als Korrektiv gilt nicht mehr die Realität dieser Welt, sondern das, was der Meister sagt. Für westliche Psychologie ist das der Gipfel von Gefährlichkeit und Abhängigkeit. Ich habe selber erlebt, dass einem diese reale Welt tatsächlich nur noch wie ein Traum vorkommt, und die visualisierte Welt ein deutlich stärkeres Realitätsgefühl erzeugt. Es ist ganz erstaunlich, was der menschliche Geist alles vollbringen kann.«[235]

Ein anderer Mann schrieb mir folgende Zeilen: »Um es nur kurz anzudeuten: das asketische Ideal führte zu Weltverneinung, Weltflucht und schließlich Einsamkeit. Die Unpersönlichkeits-Lehre (der Kern des ganzen Buddhismus) löste sowohl meine Persönlichkeit wie auch meine Beziehungen auf in wesenlose ›Daseinsphänomene‹. Ich wähnte mich zwar unabhängig und ungebunden, erlebte aber in Wahrheit eine große Isolation und Beziehungslosigkeit.«[236]

Innerhalb der tibetischen Gemeinschaft gibt es schon lange eine große Unzufriedenheit. Die westeuropäische Begeisterung für Mönche und Gurus stößt vielfach auf Unverständnis: So erklärt Ngawang Lamo:

> »Wir haben versucht, die Nonnen zu überreden, sich wie ihre christlichen Schwestern sozial zu engagieren, Krankenschwestern oder Hebammen zu werden, Alte und Kinder zu betreuen – bisher ohne großen Erfolg, obwohl Seine Heiligkeit derselben Meinung ist. Genauso sollten die großen Rinpoches, die so viel Geld haben, Krankenhäuser bauen, Schulen und Altersheime, – das muss man heute von ihnen erwarten. Die Klöster im Exil sind heute wieder so wunderbar, riesige Statuen, Holzarbeiten, Fresken, alles ist vergoldet, geschnitzt, bemalt. Das Geld ist alles da hineingegangen, nichts ist geblieben für die Armen, Alten und Kranken, für die Kinder. Die geben nichts. Wo ist da soziale Verantwortung? Verantwortung für die tibetische Gemeinschaft?«[237]

Auch auf christlicher Seite beginnt sich ein kritisches Denken zu regen. Als der Stupa auf dem Säntis in der Schweiz eingeweiht wurde, tauchten Fragen auf: Warum gerade ein Stupa? Wozu diese Zeremonien? Wenn doch einfach nur Dankbarkeit der Schweiz und ihrer Tibetpolitik gegenüber hätte gezeigt werden sollen – hätte da eine Gedenkplatte nicht gereicht? Was signalisiert dieses Bauwerk? Dank oder spirituelle Besetzung? Die intensiven Diskussionen im Gefolge der Veranstaltung zeigten, dass eine Sensibilisierung stattgefunden hatte. Auch dämmert langsam so manchen Leuten, dass die Aufforderung des Dalai Lamas, bei der eigenen Religion zu bleiben, einen ganz anderen Hintergrund hat als die allgemein geglaubte Gleichwertigkeit der Religionen. Sie bedeutet nicht, dass er das Christentum oder den Islam für gleichwertig hielte, sondern dass in seinen Augen diese Religionen letztlich auch nur eine Täuschung sind. Er wiederholt damit nur die buddhistische Weltanschauung, dass ein Schöpfergott ja eigentlich nur ein Geschöpf – und somit Trug – wie alle anderen Götter auch ist. Es ist halt das Karma der Westler, diesen Sachverhalt noch nicht erkannt zu haben. Wobei es einen logisch-philosophischen Disput wert wäre, über die buddhistische Zuordnung von Sein und Nichtsein etwas tiefer zu diskutieren.

Im August 2006 diskutierte ich im Vorfeld des Dalai-Lama-Besuches in der Schweiz mit einer ausgewählten Schar von Dalai-Lama-Freunden im Schweizer Fernsehen. Vier Dalai-Lama-Freunde plus ein katholischer Pater und Zen-Meister auf der einen Seite, ich als Kritiker auf der andern Seite. Ich gebe es zu: Es war keine Glanzleistung – die Einschüchterungsstrategie war von Anfang an gut auf mich abgestimmt. Jede kritische Anfrage meinerseits löste gleich eine geschlossene Front von Augenrollen, tiefem Durchatmen und Ähnlichem mehr aus.

Auf die Frage des Moderators, ob es denn nicht ein Problem sei für Frauen, eine Frau zu sein, meinte eine anwesende Tibeterin, dass dies nur ein Problem der älteren Generation sei, da sie durch die Kindererziehung viel mehr an das diesseitige Leben gebunden sei. Außerdem gebe es ja die Göttin Tara, die bewusst als Frau zur Erleuchtung gelangen wolle. Unglaublich aber wahr: Damit war das Thema Frauen im Buddhismus abgehakt. Wer wollte schon einer Tibeterin widersprechen?

Diego Hangartner, Organisator des Dalai-Lama-Besuchs in der Schweiz, bezeichnete dann das Faktum der Höherstellung des Mannes als einen »Überrest feudaler tibetisch-chinesischer [!] Grundhaltungen«. Auf den sexuellen Aspekt des Tantrismus angesprochen antwortete er: »Das dort erwähnte Tantra [gemeint ist das *Kalachakra*, Anm. d.A.] ist eine Ausnahmeerscheinung. […] Der Dalai Lama steht nicht für tantrische Unterweisungen ein. […] Es ist ein Problem der Westler, die eine Instanterleuchtung haben wollen. Aber diese Dinge haben grundsätzlich nichts mit dem Buddhismus zu tun.« Woraufhin der Gesprächsleiter nachfragte: »Aber Bruno Waldvogel hat nicht grundsätzlich etwas Falsches erzählt?« Antwort: »Doch. Es ist alles aus dem Zusammenhang gerissen. [...] Kritik ist an sich nicht schlecht. Kritik muss korrekt sein.« Rückfrage meinerseits: »Auf allen Homepages der tibetischen Buddhisten spielt das *Kalachakra*-Tantra die zentrale Rolle. [...] Habe ich das völlig falsch verstanden?« Hangarnter nickt dann energisch im Sinne von: Jawohl, das haben Sie falsch verstanden!

Später auf den Gewaltaspekt von *Kalachakra* angesprochen meinte er: »Es ist schon so, dass in diesem Tantra gewisse Aspekte erwähnt werden. Aber diese sind der Interpretation offen gelassen. Und wenn man jetzt diese Schiene der Interpretation wählt, ist es ganz klar, dass man sich eine gewisse Sprache aneignet. Man liest nicht mehr Tibetisch, Sanskrit, und interpretiert dann falsch. *Kalachakra* ist eines von ganz vielen Tantras, eines von vielleicht 6000. Wenn man nun dieses eine Teil verantwortlich macht für das Ganze, dann ist das dasselbe, wie wenn man den Inquisitor für das ganze Christentum verantwortlich machen würde. Und dann noch falsch interpretiert!«[238]

Mit dieser Argumentation wurden alle kritischen Fragen vom Tisch gefegt. An der Art der Diskussion hat sich auf buddhistischer Seite also nichts verändert. Und wenn es der Sache dient, biegt man die Wahrheit auch mal zurecht. Also alles wie gehabt.

Beim Empfang in Zürich gab es ein paar sehr bemerkenswerte Momente bei der Live-Übertragung, Bilder von großer Symbolkraft. Während die ehrenwerten Damen und Herren der Stadtregierung und der Kirchen mit einem breiten Lächeln begrüßt und ihnen der unvermeidliche Glücksschal umgehängt wurde, änderte sich die Stimmung deutlich, als eine Tibeterin ihrerseits dem Dalai Lama einen Schal überreichte. Fast gleichgültig nahm das tibetische Oberhaupt den Schal in Empfang und steckte ihn achtlos und mit steinernem Gesicht einem seiner Bediensteten zu. Da mochte es dem einen oder andern Zuschauer gedämmert haben, was eine Maske ist.

Es wird wohl noch eine Weile dauern, bis sich gewisse Dinge nicht mehr ausblenden lassen. Noch immer wird nach allen Seiten hin gemauert. Doch die kritischen Fragen werden sich auf die Dauer nicht verdrängen lassen. Beim Empfang des Dalai Lama 2007 in Hamburg gab es neben der üblichen Euphorie auch deutlich kritische Töne. Man lässt sich nicht mehr so leicht von den seichten und belanglosen Sätzen blenden. Und derlei Sätze gibt es viele.

In mehreren öffentlichen Briefen haben die Trimondis den Dalai Lama um Klärung konkreter Sachverhalte gebeten. Diese Fragen wurden unter dem Titel »Acht Fragen an den XIV. Dalai Lama zum Kalachakra-Tantra« publiziert. Sie sind auf ihrer Homepage nachzulesen.[239] Mit Spannung warten die Kritiker immer noch auf die Antwort des Dalai Lama. Denn nur durch sie wird sich klären lassen, inwiefern der Dalai Lama eine Doppelrolle spielt – hier toleranter und aufgeklärter einfacher Mönch, dort autoritärer Gottkönig einer vorausgesagten *Shambala*-Buddhokratie. Solange diese Punkte nicht eindeutig und unmissverständlich beantwortet sind, deuten die angesagten Aktivitäten immer noch in dieselbe Richtung, wie sie vom Autor von Anfang an in diesem Buch thematisiert wurde.

Der Dalai Lama selber gibt keine Signale, die in eine andere Richtung deuten könnten. Im Gegenteil. In einem Interview mit der Zeitschrift »The Progressive« im Januar 2006 sagte der Dalai Lama lachend: »Wenn also der Dalai Lama eines Tages ein Massenmörder wird, dann wird er der tödlichste aller Massenmörder.«[240] Wer den *Shambala*-Mythos kennt, weiß, worauf er anspielt. Und damit wäre eigentlich Schluss mit lustig.

Und solange auch die sogenannten Religionswissenschaftler nicht bereit sind, persönliche Ressentiments und Steckenpferde zugunsten einer nüchternen Detailbetrachtung abzulegen, muss ihnen angesichts der vorliegenden Fakten unwissenschaftliches und parteiisches Denken vorgeworfen werden. Ja, der Verdacht liegt sogar nahe, dass etliche von ihnen ihren sogenannten »christlichen« Hintergrund missbrauchen, um buddhistisches Gedankengut kirchlichen Gremien und Organisationen schmackhaft zu machen. Es wäre zu wünschen, dass derartige Unterstellungen schnellstens entkräftet würden.

Und last but not least ist die interessante Beobachtung zu machen, dass in den vergangenen Jahren immer mehr Buddhologen tibetischer Prägung die religionswissenschaftlichen Lehrstühle im Bereich asiatischer Religionen einnehmen. Nicht wenige haben natürlich ein persönliches Interesse am Dalai Lama, an Tibet und am tibetischen Buddhismus. Es wird also nicht verwundern, wenn immer mehr Schützenhilfe gerade von dort kommen wird, um dem *Vajrayana* eine Bresche zu schlagen. Auch hier liegt der Verdacht einer zunehmenden »Lamaisierung« vor. Gespannt harren wir der Dinge, die da kommen sollen.

Die Missionierung Europas ist noch nicht zu Ende. Das musste das Land Kärnten mit Enttäuschung feststellen:

> »Ein tibetisches Zentrum im Status einer Privatuniversität hätte Kärnten zum Mittelpunkt des Buddhismus in Europa machen sollen. Doch die Tibeter um den Dalai Lama wollen den Kärntnern nur Exklusivrechte für Österreich geben, da sie sich das Recht für weitere Zentren im übrigen Europa vorbehalten.«[241]

Medienberichte erinnern daran, dass die okkulten und menschenverachtenden buddhistischen Rituale weiterhin stattfinden. Am 6. April 2006 meldeten die Medien, dass ein Hirte in der tibetischen Bergregion Tianzhu 121 in Plastiktüten eingewickelte aufgesägte Menschenschädel gefunden habe.

> »Es werde für möglich gehalten, dass die Schädel weggeworfen worden seien, nachdem aus ihnen kunsthandwerkliche Gegenstände gemacht worden waren, berichtete die Pekinger Zeitung ›Xinjingbao‹ am Donnerstag unter Hinweis auf die ermittelnde Polizei. […] Aus Schädeldecken machen Tibeter

traditionell kunstvolle Schalen oder kleine Trommeln für Riten des tibetischen Buddhismus, die heute zum Teil auch als Souvenirs gekauft werden. Dieses Brauchtum sei auch in der von Tibetern bewohnten Gegend üblich gewesen, wo die Schädel gefunden worden seien, berichtete die Zeitung.«[242]

2008 ist ein denkwürdiges Jahr. Denn die Dalai-Lama-Werbemaschine bekommt zunehmend Kratzer ab. Die Fassade einer verdrehten Geschichtschreibung und Idealisierung blättert ab. Denkwürdig ist z.B. der Artikel des ehemaligen Bundeskanzlers Helmut Schmidt in der Zeitung »Die Welt«. Mit Sachkenntnis schildert er in »Tibet als Prüfstein« die Dinge, die immer wieder auf den Tisch gebracht und dann mit ebensolcher Vehemenz weggewischt worden sind:

»Weil der jede Gewalt verurteilende Dalai Lama Sympathien auf sich zieht, übersieht man im Westen gern, dass die jüngsten Demonstrationen in Tibet, die alsbald in Gewalttaten übergegangen sind, von lamaistischen Mönchen und Klöstern ausgegangen waren.[…] Ebenso ist das kleine Bergvolk der Tibeter immer schon autokratisch regiert worden, allerdings nicht von einem Fürsten oder vom Adel, sondern von Priestern und Oberpriestern. Der Dalai Lama war als Oberpriester einer lamaistischen Sekte zugleich das weltliche Oberhaupt aller Tibeter […] Noch am Ende des zweiten Weltkrieges war Tibet eine Theokratie ähnlich wie ehedem der Kirchenstaat oder wie heutzutage der Iran. […] Die Mönche kämpfen nicht für Menschenrechte, sondern vielmehr für die Interessen ihrer Klöster und für den tibetischen Nationalismus. […] Auch der Dalai Lama hat Fehler gemacht. So hat er in seinen Büchern die Wohngebiete kleinerer tibetischer Minderheiten in den an die Autonome Region Tibet anschließenden chinesischen Provinzen Gansu, Qinghai, Yunan und Sichuan kartographisch als Teile Tibets dargestellt – unnötiger Zündstoff.«

Denkwürdig ist auch der Artikel in der Frankfurter Allgemeinen Zeitung zum Besuch des Dalai Lama in Deutschland vom 17. Mai 2008:

»In der Reihe vor ihm sitzen Peter Maffay, Wolfgang Niedecken, Veronica Ferres, Liz Mohn, und der vierzehnte Dalai Lama regt sich auf. Nicht über die Zustände in Tibet, nicht über China und schon gar nicht über die Feigheit der SPD, er wettert gegen einen Geist. Vor dem Eingang des Ruhrcongresscenters Bochum hatten sich Unterstützer des Schutzgeistes Shugden versammelt und riefen stundenlang, seltsamer Übersetzungsfehler oder mnemotechnischer Trick: ›Religionsfreiheit Dalai Lama gib!‹ Na, die da draußen, die kenne er, redet sich der Friedensnobelpreisträger in Rage. Bereits der fünfte Dalai Lama habe mit Shugden seine Probleme gehabt, das gehe nun schon 370 Jahre, und es werde immer doller. Früher habe er selbst ja noch, aus reiner Ignoranz, wie er gleich einräumte, zu Shugden gebetet, bald aber gemerkt, dass dieser Geist ›Probleme verursacht‹. […] Ein Kloster in Indien habe große Schwierigkeiten bekommen, und bei genauerer Untersuchung durch erfahrene Geistliche sei herausgekommen, dass Shugden hinter der Sache stecke. ›Es ist wirklich ein sehr schädlicher Geist!‹, donnert er in die vollbesetzte Halle, aus der sicher kein Widerspruch kommen wird. Und wenn jetzt die Anhänger Shugdens behaupten, er, der Dalai Lama, vertrete allein die Schule der Gelug, so sei das eine Lüge. Aber mehr noch: Sie gingen, in ihrer Verblendung, sogar so weit zu drohen, dass einer, der auch nur Schriften von Nyingma zu Hause aufbewahre, von Shugden getötet werde. Das wiederholt der Dalai Lama dann gleich noch mal, denn offenbar fällt der Groschen in Bochum noch nicht. Das zunehmend fassungslosere Saalpublikum erfuhr so, dass es auch im vermeintlich so niedlichen Buddhismus zugehen kann wie auf einem Jusokongress der siebziger Jahre, bloß blutiger: Der Leiter des

Dalai-Lama-Instituts für buddhistische Dialektik fiel vor einigen Jahren einem Attentat der Shugden-Anhänger zum Opfer; umgekehrt behaupten die Shugden-Leute in einer in Bochum verteilten Broschüre, der Dalai Lama beschäftige maskierte Todesschwadronen gegen ihre Anhänger. Ins Bild des Bono und Bob Geldof unterstützenden Ethno-Onkels passt das alles nicht.«[243]

Denkwürdig sind außerdem die öffentlichen Proteste der Shugden-Sekte: Vor dem Bochumer Kongresszentrum hatten sich mehrere hundert Anhänger versammelt. In lautstarkem Protest und mit Zetteln bewaffnet warfen sie dem Dalai Lama vor, er gestehe ihnen nicht zu, Buddhisten zu sein. Auf seine Veranlassung hin sollen ihre Tempel zerstört und im Februar 2008 900 Mönche verstoßen worden sein. In der Pressemeldung des WDR heißt es vornehm zurückhaltend: »Für deutsche Buddhismus-Experten sind die Vorwürfe aus der Ferne nur schwer zu überprüfen.«[244]

Slavoj Žižeck, Philosophieprofessor in London und Ljubljana, schreibt über die Idealisierung Tibets:

> »Vor 1949 war Tibet kein Shangri-La, sondern eine extrem rückständige Feudalgesellschaft, die sich durch Armut (die Lebenserwartung lag wenig über dreißig), Korruption und Bürgerkrieg auszeichnete (der letzte Bürgerkrieg zwischen zwei verfeindeten Klerikerclans fand 1948 statt, als die Rote Armee bereits vor den Toren stand). Aus Angst vor Unruhen und Spaltungen verbot die damalige Machtelite jede Form industrieller Entwicklung, weshalb beispielsweise Metall aus Indien importiert werden musste.«[245]

Wie auch immer: Der Dalai Lama lächelt. Vielleicht klingt es etwas spitz, aber doch nicht ganz unzutreffend, was der Schweizer Sektenjäger Hugo Stamm im Tagesanzeiger schrieb:

»Beim Dalai Lama wirkt das oft unmotivierte Lachen irritierend. Fast jede Antwort mündet in einen Heiterkeitsausbruch. Auch wenn es um das Leiden seines Volkes geht. […] Als lebe er in einer spirituellen Sphäre, in der nur Begriffe wie Harmonie, Einfühlsamkeit, Leere und Frieden zugelassen sind. In einem Interview mit dem deutschen Autor Franz Alt sagte er: ›Es bringt einfach nichts, wenn man sich ärgert. Nicht einmal über seine Feinde soll man sich ärgern. Es ist intelligenter, seine Feinde zu lieben.‹ Die Chinesen werden solche Botschaften gern vernehmen. Doch wie klingen sie in den Ohren gefolterter Tibeter? […] Der ›Gottkönig‹ konzentriert sich in erster Linie auf seine persönliche spirituelle Entwicklung. ›Ich bin es mir geradezu schuldig, mich mit allen Kräften um die Entwicklung meines Geistes zu kümmern‹, schreibt er in seinem Buch ›Der Wille zum Frieden‹. Im gleichen Werk sprach ihn ein Schüler auf das Martyrium eines jahrelang gefolterten Mönchs an. Ob hier nicht Empörung und Handeln angebracht seien, statt sich auf die Suche nach dem inneren Frieden zu konzentrieren, wollte der Schüler wissen. Dem Dalai Lama war die Frage ganze dreieinhalb Zeilen wert, auf die eigentliche Frage oder den gefolterten Mönch ging er nicht ein. […] Gefühle, die sein Herz in Wallung bringen könnten, darf er nicht zulassen. Sie könnten ihn vom Pfad der Erleuchtung abbringen. So lächelt er negative Gedanken und Gefühle einfach weg.«[246]

Eigentlich schade. Denn der Dalai Lama ist, wie alle Menschen auf dieser Erde, ein erlösungsbedürftiges Wesen. Ein Mensch, der als vierjähriges Kind von Mönchen von zu Hause weggenommen und in ein Kloster gesteckt wurde. Eine Persönlichkeit, zerrieben zwischen politischen und religiösen Erwartungen. Ein Mensch mit zwei Gesichtern: einem sanften und einem zornvollen. Demütig im Westen, autoritär im Osten. Hochstilisiert und überzeichnet von einer hörigen Fangemeinde. Vielleicht steht es mir nicht zu. Aber ich sage es nun ganz persönlich und subjektiv gefärbt: das Lächeln des Dalai Lamas bleibt – auf den zweiten Blick besehen – irgendwie leer. So leer wie das Nirwana selbst.

Interview mit Colin Goldner

Colin Goldner ist Autor des Buches »Dalai Lama – Fall eines Gottkönigs« (Alibri Verlag). Goldner zählt zu den härtesten Kritikern des tibetischen Buddhismus. Zu Tibet-Veranstaltungen erhält er kaum noch Zutritt. Seit Erscheinen seines Buches ist er Beschimpfungen bis hin zu Morddrohungen ausgesetzt.

Herr Goldner, das alte Tibet vor dem Einmarsch der Chinesen gilt als Hort des Friedens und der Harmonie mit der Natur. Dieses Bild wird auch in der aktuellen Ausstellung auf der Schallaburg[247] präsentiert. Sie versuchen, dieses Bild anzukratzen und bezeichnen die alten Lama-Regimes als »totalitärtheokratisch«, während Sie die chinesischen Invasoren als Befreier darstellen. Sie selbst sind bekennender Atheist und Kommunist – sind Sie hier einfach auf der anderen Seite parteiisch?

Ich bin Atheist und Humanist. Als solcher sehe ich mich uneingeschränkt den Werten der Aufklärung verpflichtet. Eine Ausstellung wie die auf der Schallaburg, die ein religiös verkleistertes Ausbeuterregime verherrlicht, muss insofern Kritik hervorrufen. Die ganze Schallaburg, erbaut Anfang des 12. Jahrhunderts als Herrensitz derer von Burghausen, wurde, topografisch nicht unpassend, zu einer tibetischen Klosterzwingburg umdekoriert: Zehntausend Gebetsfähnchen flattern im Wind, Gebetsmühlen drehen sich am Aufgang, der »prächtig geschmückte Innenhof« – ich zitiere die Veranstalter – lässt »die farbenfrohe Lebendigkeit des alten Tibet erahnen«. Dank einer »einmaligen Fülle von Exponaten und Kultobjekten« soll es gelungen sein, »die dichte, ja mystische Atmosphäre eines tibetischen Tempels in einem originalgetreu gestalteten Tempelraum einzufangen«.

Solche Sätze drehen Ihnen fast den Magen um ...

Na ja – nebst Buddha-Skulpturen, Bodhisattvas und Ritualobjekten werden auch die Magie, die Astrologie und das tibetische Orakelwesen vorgestellt. Ganz so, als habe es im »alten Tibet« außerhalb der Klöster und des dort gepflogenen Geister- und Dämonenkults weiter nichts Berichtens- oder Ausstellenswertes gegeben. Auf die Idee, eines der erbärmlichen Dreckslöcher zu zeigen, in denen die große Masse der Tibeter und Tibeterinnen bis weit ins 20. Jahrhundert hinein dahinvegetierte, ausgebeutet bis aufs Blut von der herrschenden Clique der Lamas, kommt die Ausstellungsleitung nicht.

Tatsache ist doch, dass in unserer Gesellschaft buddhistisches Gedankengut im Trend liegt und der Dalai Lama für viele als der Friedefürst schlechthin gilt ... fehlen uns die Kenntnisse über das wahre Gesicht des tibetischen Buddhismus?

Tatsächlich weiß die moderne Geschichtsschreibung längst, dass Tibet unter der Herrschaft der Lamas keineswegs die »friedvolle und harmonische Gesellschaft« war, die der Dalai Lama und seine westliche Fangemeinde ständig beschwören. Für die große Masse der Bevölkerung bedeutete die Mönchsdiktatur des »alten Tibet« tatsächlich jene »Hölle auf Erden«, von der Mao immer wieder sprach. Diese zu beenden, sah die chinesische Volksbefreiungsarmee als Legitimation und revolutionäre Verpflichtung an für die Besetzung des Landes. Maos Urteil wird nicht falsch durch die Barbarei, die Verbrechen und die politischen Fehler, die von den kulturrevolutionären »Befreiern« selbst begangen wurden.

Wie soll man sich das alte Tibet vorstellen?

Tibet war überzogen von einem engmaschigen Netz aus Klöstern und monastischen Zwingburgen. Gesetzgebung, Gerichtsbarkeit,

Polizei und Militär lagen ebenso in den Händen von Mönchsbeamten wie Bildungs- und Gesundheitswesen. Neben und zusammen mit dem allgegenwärtigen Klerus verfügten zudem einige alte Aristokratenfamilien über Macht und Einfluss. Der relativ kleinen Elite in den Klöstern und Palästen, zusammen zwei bis drei Prozent, stand die große Masse der Bevölkerung als »Leibeigene« beziehungsweise »unfreie Bauern« gegenüber. Die Steuer-, Fron- und Abgabenlasten, die diesen Menschen aufgebürdet wurden, drückten sie unter die Möglichkeit menschenwürdiger Existenz. Hunger und unvorstellbares Elend beherrschten den Alltag; daneben eine an den schieren Wahnsinn heranführende Indoktrination der Menschen mit horrenden Höllen- und Teufelsvorstellungen, mit gezielt geschürten Ängsten vor blutrünstigen Dämonen, Monstern, Vampiren und Folterknechten, wie sie der nicht hinreichend Untertänige nach seinem Tode beziehungsweise im künftigen Dasein zu erwarten habe.

Wie äußert sich der Dalai Lama dazu?

Der Dalai Lama räumt neuerdings ein, das feudale Tibet sei »sicherlich nicht vollkommen« gewesen. Damit hat sich's aber auch schon an Kritik und Selbstkritik. Noch immer beschönigt er die Zustände und nährt damit die romantische Verklärung des »alten Tibet«. Kein Wort der Kritik am Missbrauch kleiner Jungen bei der Rekrutierung von Mönchsnachwuchs, kein Wort der Kritik am sexuellen Missbrauch junger Mädchen und Frauen bei der Inszenierung tantrisch-buddhistischer Rituale. Der gänzlich unkritischen Verklärung des »alten Tibet« dient auch die Ausstellung auf der Schallaburg.

Die andere Stoßrichtung Ihrer Kritik betrifft die okkulten Fähigkeiten und Praktiken tibetischer Mönche. Auch auf der Schallaburg werden das Schreiten über glühende Kohlen oder das Durchstechen des Körpers mit einem Schwert als besondere »magische Fähigkeiten« angepriesen. Lamas sollen auch die Levitation (Aufhe-

bung der Schwerkraft) oder die Psychokinese (parapsychologische Einflussnahme auf Bewegungsvorgänge ohne physikalische Ursache) durch ihre Meditationspraxis und körperliche Enthaltsamkeit erreicht haben. Solche Okkultpraktiken werden als geheimnisvoll und erstrebenswert dargestellt.

In der Tat haben es Ausstellungsleiter Schuster vor allem die übernatürlichen Fähigkeiten angetan, deren die Lamas teilhaftig sein sollen. Das reicht vom Gehen über glühende Kohlen bis hin zu freiem Fliegen durch die Luft oder exakt vorhergesagter Wiedergeburt. Auch seien die Lamas in der Lage, magische Dolche durch Türen und Mauern zu schleudern, um etwaige Widersacher aus dem Weg zu räumen. Schuster hält derlei paranormale Fähigkeiten für bestens belegt. Er erklärt, die Dolche würden über ein bestimmtes Ritual mit großen Mengen »psychokinetischer Energie« aufgeladen, so dass sie »Dutzende Kilometer wie unsichtbare Geschosse« dahinflögen, »um unweigerlich das ihnen eingegebene Ziel zu erreichen«. Das Okkultwesen des tibetischen Buddhismus wird von Schuster ohne den geringsten Anflug kritischer Distanz oder Reflexion dargestellt. Nichtexistente beziehungsweise durch nichts belegte »Phänomene« der Magie, des Orakelkults oder der Heilkunde, werden unhinterfragt als Tatsachen beschrieben: Das »alte Tibet« wird verklärt als einzigartiges Faszinosum aus spirituell-religiösen Geheimnissen und Mysterien.

Das Rahmenprogramm der Ausstellung in Österreich umfasst auch zahlreiche Vorträge und Seminare. Sind dazu auch Tibetkritiker eingeladen? Als Autor der Studie »Dalai Lama – Fall eines Gottkönigs« sind Sie zusammen mit dem Ehepaar Röttgen (»Der Schatten des Dalai Lama«) dazu prädestiniert.

Innerhalb der Szene findet nicht einmal ansatzweise eine kritische Auseinandersetzung statt. Auf der Schallaburg werde ich ebenso wenig zu Wort kommen – zur Eröffnung erhielt ich sogar

Hausverbot – wie bei der parallel laufenden Tibet-Show im Basler Museum der Kulturen. Auch in Basel wird so getan, als sei an Tibet nur dessen sakrale Kunst von Bedeutung. Soziale oder politische Fragen interessieren bei der Sammlung des Hamburger Galeristen Gerd-Wolfgang Essen nicht.
Zu Ihrer Frage nach Herbert und Mariana Röttgen: Obgleich die Buddhismuskritik der beiden eher religionsphilosophisch begründet und daher dem System eigentlich weniger gefährlich ist, wird sie konsequent ignoriert. Auch die Röttgens kommen in den Gesprächen auf der Schallaburg nicht vor.

Die Tibet-Ausstellungen häufen sich. Ist der tibetische Buddhismus in der Offensive?

Die Ausstellung in Basel wurde in Anwesenheit des Dalai Lama eröffnet. Sie dient, ebenso wie die Schallaburg-Ausstellung, der propagandistischen Vorbereitung eines groß angelegten Buddhismus-Events im Oktober 2002 im österreichischen Graz. Der Dalai Lama wird dort das bedeutendste Kultspektakel des *Vajrajana*-Buddhismus, das so genannte *Kalachakra*-Tantra, veranstalten, ein einwöchiges Ritual mit allerlei Geister- und Dämonenbeschwörung, mit dem er die Buddhisierung Europas vorantreiben will. Das magisch-mystische Brimborium dieses Rituals ist mir ziemlich gleichgültig, da es die beschworenen Wirkmächte tatsächlich nicht gibt. Nicht egal ist mir indes die über das Ritual transportierte menschen- und vor allem frauenverachtende Ideologie des tibetischen Buddhismus. Dagegen richtet sich meine Aufklärungsarbeit, deretwegen ich im Übrigen einer nicht enden wollenden Flut teils unflätigster Schmähungen und Beschimpfungen ausgesetzt bin. Selbst Morddrohungen gegen mich und meinen Verleger gab es aus Kreisen der ach so friedfertigen Buddhisten.

(Das Interview erschien im Magazin »factum« 6/2001; www.factum-magazin.ch)

Interview mit Herbert Röttgen

Herbert Röttgen schrieb zusammen mit seiner Frau Mariana das Buch »Der Schatten des Dalai Lama. Sexualität, Magie und Politik im tibetischen Buddhismus« (Patmos Verlag). Bruno Waldvogel-Frei fragte im Interview nach seinem Motiv und den Folgen der Kritik am Dalai Lama.

Ihre Arbeit »Der Schatten des Dalai Lama«, in der Sie über die Wurzeln des tibetischen Buddhismus aufklären, bringt Ihnen vor allem Kritik ein ...

Tatsächlich wurden meine Frau und ich schon öffentlich als Maoisten, Erzkatholiken, dann wieder als Erzprotestanten und auch schon als Faschisten beschimpft. Der Schweizer Ethnologe Martin Brauen drohte mit einer einstweiligen Verfügung gegen das Buch und rief im Fernsehen während einer Live-Diskussion im ORF-Treffpunkt dazu auf, das Buch zu boykottieren. Auch wurden schon Versuche unternommen, Buchhändler so zu beeinflussen, dass sie den Titel aus dem Angebot nehmen.

Ihre Kritiker unterstellen Ihnen, Ihr Buch sei nichts als eine böse, persönliche Abrechung aufgrund einer unbewältigten Vergangenheit. Wir reagieren Sie auf diesen Vorwurf?

Wir waren nie Buddhisten, deswegen gibt es keine »persönliche Abrechnung« mit dem Buddhismus und – kann Aufklärung überhaupt »böse« sein? In den 1980er-Jahren haben wir einige Veranstaltungen mit dem Dalai Lama organisiert.

Aber eine Affinität zum Dalai Lama und zum Buddhismus hatten Sie ja schon. Immerhin befassten Sie sich mehrere Jahre lang außerordentlich intensiv mit seiner Lehre.

Er war für uns ein Repräsentant seiner Religion wie viele andere auch. Von seinem Charme und seinen ethischen Darlegungen waren wir so lange angetan, bis wir uns die Mühe gemacht haben, hinter den Vorhang zu blicken. Noch ein Wort zur »bösen Abrechnung«: Wir sind, obwohl wir die lamaistische Religion scharf kritisieren, nicht hasserfüllt, denn auch der Dalai Lama ist der Gefangene eines Systems, in das er als kleiner Junge hineingezwungen wurde. Als Person verdient er deswegen unser Mitgefühl.

Andere Kritiker werfen Ihnen schlicht Geldmacherei vor.

Was spricht dagegen, mit einem seriösen, kritischen und aufklärerischen Buch Geld zu machen? Problematisch ist doch vielmehr, dass mit der pro-tibetischen Kitsch- und Verdummungsliteratur und mit »tibetischen« Devotionalien Unsummen von Geld gescheffelt werden. Zum Beispiel hat das höchst unseriöse Buch »Die fünf Tibeter« eine Auflage erreicht, die an die Millionengrenze stößt. Millionenumsätze werden auch mit den sogenannten »tibetischen Glücksperlen« erwirtschaftet.

Wie formulieren Sie Ihr persönliches Motiv, das hinter dem Buch »Der Schatten des Dalai Lama« steht?

Wir wollen einen fundierten wissenschaftlichen Beitrag liefern, der mithelfen soll, endlich eine längst fällige, breite Diskussion über den tibetischen Buddhismus zu eröffnen. Dazu bringen wir Fakten, die im Westen bisher einfach nicht wahrgenommen wurden.

(Das Interview erschien im Magazin »factum« 9/2000; www.factum-magazin.ch)

Anmerkungen

Vorwort

1 Der Spiegel, Nr 29, 16.7.2007.

I. Teil: Ein schneller Weg zur Erlösung: Der tantrische Buddhismus

2 Victor und Victoria Trimondi: Der Schatten des Dalai Lama, Düsseldorf 1999, S. 30.
3 Gerhard J. Bellinger: Im Himmel wie auf Erden: Sexualität in den Religionen der Welt, München 1993, S. 246.
4 Zitiert nach: Trimondi: Schatten, S. 36.
5 Adelheid Hermann-Pfand: Dakinis. Zur Stellung und Symbolik des Weiblichen im Tantrischen Buddhismus, Bonn 1992, S. 51.
6 Trimondi: Schatten, S. 39.
7 Trimondi: Schatten, S. 40.
8 Zitiert bei Rita M. Gross: Buddhism after Patriarchy. Albany 1993, S. 99. Vgl. Trimondi: Schatten, S. 382.
9 Trimondi: Schatten, S. 76.
10 David Snellgrove und Hugh Richardson: A Cultural History of Tibet, Boston u. a. 1995, S. 116.
11 Trimondi: Schatten, S. 79.
12 Alex Wayman und Ferdinand D. Lessing: Mkhas-Grub-Rje's Fundamentals of Buddhist Tantras, Den Haag u. a. 1968, S. 196.
13 Gedün Chöpel: Tibetan Arts of Love, Ithaca 1992, S. 135.
14 Benjamin Walker: Tantrismus, die Lehren und Praktiken des linkshändigen Pfades, Basel 1987, S. 91.
15 Trimondi: Schatten, S. 81.
16 Alex Wayman: Yoga of the Guhyasamajatantra. The Arcane Lore of Forty Verses, Delhi 1977, S. 322.
17 Napora (a cura di Ranieri Gnoli e Giacomella Orofino). Iniziazione. Kalacakra, o. O. 1994, S. 82.
18 Walker: Tantrismus, S. 91.
19 Dass zölibatär allerdings ganz anders verstanden wird als im Westen, werden wir später noch sehen (siehe III. Teil).
20 Allerdings brechen immer mehr, vor allem westliche Frauen, dieses Gelübde, z. B. die schottische Religionswissenschaftlerin June Campbell.
21 Trimondi: Schatten, S. 83.
22 Trimondi: Schatten, S. 85.
23 Zitiert nach: Trimondi: Schatten, S. 87
24 Albert Grünwedel: Kalacakra-Tantra Raja, München, Nachlass in der Bayer. Staatsbibliothek, o. J., S. 32. Vgl. Trimondi: Schatten, S. 91.

25 Trimondi: Schatten, S. 88.
26 Trimondi: Schatten, S. 89.
27 Trimondi: Schatten, S. 92.
28 Trimondi: Schatten, S. 144f.
29 Michael Henss: Kalachakra. Ein tibetisches Einweihungsritual, Zürich 1985, S. 56.
30 Trimondi: Schatten, S. 94f.
31 Trimondi: Schatten, S. 95.
32 Trimondi: Schatten, S. 96.
33 Trimondi: Schatten, S. 97.
34 Trimondi: Schatten, S. 98.
35 Trimondi: Schatten, S. 99.
36 Trimondi: Schatten, S. 102.
37 Christopher George: The Candamaharosana Tantra, New Haven 1974, S. 66.
38 Trimondi: Schatten, S. 104.
39 Trimondi: Schatten, S. 111.
40 Michael M. Broido: »Killing, Lying, Stealing and Adultry: A problem of Interpretation in the Tantras«, in: Donald P. Lopez: Buddhist Hermeneutics. Studies in East Asian Buddhism, 6, Honolulu 1988, S. 71.
41 Mircea Eliade: Kosmos und Geschichte. Der Mythos der ewigen Wiederkehr, Frankfurt 1984, S. 272.
42 David Snellgrove: Indo-Tibetan Buddhism. Indian Buddhists and their Tibetan Successors, Bd. I, Boston 1987, S. 174.
43 Trimondi: Schatten, S. 113.
44 John Ronald Newman: The outer wheel of time, Madison 1987, S. 266.
45 Trimondi: Schatten, S. 119.
46 Peter Gäng: Das Tantra der Verborgenen Vereinigung. Guhyasamaja-Tantra, München 1988, S. 134.
47 Gäng: Tantra, S. 134. Vgl. Trimondi: Schatten, S. 120.
48 Walker: Tantrismus, S. 153. Vgl. Trimondi: Schatten, S. 115.
49 George W. Farrow and I. Menon: The Concealed Essence of the Hevajra Tantra with the Commentary Yogaratnamala, Delhi 1991, S. 276.
50 XIV Dalai Lama: The Kalachakra-Tantra. Rite of Initiation for the Stage of Generation, London 1985, S. 349.
51 Trimondi: Schatten, S. 123.
52 Farrow: Hefajra Tantra, S. 142. Vgl. Trimondi: Schatten, S. 124.
53 Auch in der Basler Tibet-Ausstellung werden u. a. Trommeln aus menschlichen Schädeldecken gezeigt.
54 Blue Annals, übers. v. George N. Roerich, Delhi 1995, S. 697.
55 Charles Bell: Tibet Past and Present, London 1927, S. 80.
56 Robert B. Ekvall: Religious Observances in Tibet, Chicago 1964, S. 165–166, 169, 172. Trimondi: Schatten, S. 126.
57 Israel Epstein: Tibet Transformed, Beijing 1983, S. 138.
58 Süddeutsche Zeitung, 1997, Nr. 158, S. 10.
59 Trimondi: Schatten, S. 127.
60 Trimondi: Schatten, S. 128.
61 Trimondi: Schatten, S. 132.
62 Trimondi: Schatten, S. 499.

63 Trimondi: Schatten, S. 136.
64 Trimondi: Schatten, S. 135.
65 Trimondi: Schatten, S. 133.
66 Trimondi: Schatten, S. 160.
67 Trimondi: Schatten, S. 161.
68 David L. Snellgrove: Indo-Tibetan Buddhism, Boston 1987, Bd. 1, S. 272.
69 Trimondi: Schatten, S. 172ff.
70 Trimondi: Schatten, S. 585.
71 Trimondi: Schatten, S. 584.
72 Trimondi: Schatten, S. 586f.
73 Dalai Lama XIV: Das Buch der Freiheit, 1964, S. 190.
74 John F. Avendon: Ein Interview mit dem Dalai Lama, München 1982, S. 24.
75 Christiaan P. Klieger: Tibetan Nationalism, Chanakya Pui 1991, S. 63.
76 Agence Press, 13. Mai 1998.
77 Z. B. Trimondi: Schatten, S. 354ff.
78 Trimondi: Schatten, S. 568.
79 Tagesanzeiger, 23.3.1998. Vgl. Trimondi: Schatten, S. 547ff.
80 Trimondi: Schatten, S. 566.
81 In einem Brief der tibetischen Nationalversammlung von 1946, zitiert bei kauffner@hotmail.com, 8.2.1998.
82 Trimondi: Schatten, S. 432ff.
83 Trimondi: Schatten, S. 435.
84 Donald S. Lopez, jr.: Prisoners of Shangri-La. Tibetan Buddhism and the West, Chicago 1998, S. 207.
85 Allerdings wäre es meiner Meinung nach verkehrt, das Nazisymbol einfach den Tibetern zuzuordnen. Immerhin kommt das Hakenkreuz weltweit in verschiedenen Kulturen vor.
86 Bruno Beger: Meine Begegnungen mit dem Ozean des Wissens, Broschüre.
87 A. Tom Grunfeld: The Making of Modern Tibet, New York u. a. 1996, S. 302.
88 Focus, 38/95, S. 114.
89 Focus, 38/94, S. 116.
90 Samdup tibetlondon@gn.apc.org.
91 Süddeutsche Zeitung, Magazin, 21.3.1997, S. 79.
92 Zeitmagazin, Nr. 44, 22. Okt. 1998, S. 24.
93 Focus, 44, 1998, S. 272. Vgl. Trimondi: Schatten, S. 589.
94 Trimondi: Schatten, S. 569ff..
95 Martin Brauen beschreibt in Das Mandala: »Das Sublime Yoga wird durch die Rezitation der Mantras aller im Mandala versammelten Gottheiten durch Opferdarreichungen sowie die vollständige Auflösung der verschiedenen Gruppen von Gottheiten in je einem Kraftzentrum (Chakra) bzw. Körperteil beendet [...] Schließlich löst sich der Meditierende in das Leere auf und wird als ›einfacher‹ Kalachakra mit einem Kopf und zwei Armen regeneriert« (Martin Brauen: Das Mandala, Köln 1992, S. 118.).
96 Trimondi: Schatten, S. 744.
97 Trimondi: Schatten, S. 745.
98 So z. B. im Buch: Michael v. Brück und Whalen Lai: Buddhismus und Christentum, München 1997.

99 Trimondi: Schatten, S. 746.
100 Trimondi: Schatten, S. 777.
101 Trimondi: Schatten, S. 778.
102 Trimondi: Schatten, S. 779f.

II. Teil: Was Buddhismus-Kritikern vorgeworfen wird

103 Z. B. Michael von Brück: Religion und Politik im tibetischen Buddhismus, München 1999, S. 98.
104 Martin Brauen zitiert das Gebet anlässlich des Mandala-Rituals: »Kurz, möge ich durch was auch immer für eine Anhäufung heilsamer, mir auf diese Art erworbener Tugenden bald in Shambhala, dem Juwelenschatzhaus, wiedergeboren werden und die Stufen des höchsten Yogatantra-Weges vollenden« (Brauen: Das Mandala, S. 120).
105 Martin Brauen: Das Mandala – Der heilige Kreis im tantrischen Buddhismus, Köln 1992, S. 62.
106 Dalai Lama: Buch der Freiheit, Bergisch Gladbach 1990, S. 300.
107 Dalai Lama: Mit dem Herzen denken, München 1997, S. 155ff.
108 Zit. in: Gill Farrer-Halls: Die Welt des Dalai Lama. Eine Innenansicht seines Lebens, seines Volkes und seiner Visionen, Neuhausen am Rheinfall 1998, S. 103.
109 Zitiert nach: Helmut Uhlig: Das Leben als kosmisches Fest. Magische Welt des Tantrismus. Bergisch Gladbach 1998, S. 244.
110 Auch die Tibet-Ausstellung in Basel tut das: »Die Einführung in die Lehren des Buddhismus, besonders in die der geheimen Bereiche des esoterischen Glaubenssystems, verlangt einen erfahrenen Meister, da die schwer verständliche Sprache und die mystisch magischen Inhalte der esoterischen Texte, der so genannten Tantras, keine wörtliche Auslegung erlauben« (aus dem Ausstellungskatalog zu »Tibet – Buddhas, Götter, Heilige«).
111 »Among the ingredients, for exemple, mi sha and sha chen, human flesh, are listed. As expressed by Fernand Meyer, ›En ce qui concerne mi sha ou sha chen, je pense que, du point rituel, comme du point de vue médical (emploi toujours rare, aujourd'hui inexistant), la plus grande efficacité doit être attribuée aux substances authenthique, même si, probablement le plus souvent, on se contente de substituts.‹ […] Beg tse receives camphor, flesh (sha chen), white mustard, blood (khrag chen, human blood), special blood from a red goat, beer – again all combined into pills and burnt.« (Amy Heller: Mongolian Mountain Deities and local Gods: »Examples of rituals for their worship in Tibetan Language«, in: Reflections of the Mountains, Österreichische Akademie der Wissenschaften, Denkschriften, 254. Band, Wien 1996, S. 137.)
112 Martin Brauen: Traumwelt Tibet. Westliche Trugbilder, Bern 2000.
113 Brauen: Traumwelt, S. 92–93.
114 Brauen: Traumwelt, S. 244.
115 Brauen: Traumwelt, S. 248.
116 Brauen: Traumwelt, S. 251.
117 Brauen: Traumwelt, S. 258ff.

118 Brauen: Traumwelt, S. 257.
119 Brauen: Traumwelt, S. 184.
120 Robert A.F. Thurmann: Revolution von innen. Die Lehren des Buddhismus oder das vollkommene Glück. München 2000.
121 Brauen: Traumwelt, S. 14.
122 Brauen: Traumwelt, S. 202.
123 http://www.iivs.de/~iivs01311/front.html
124 Brauen: Traumwelt, S. 258.

III. Teil: Auf dem Prüfstand

125 Tashi Tsering: The Struggle For Modern Tibet, Armonk, N.Y. 1996.
126 So heißt es auch in: Dalai Lama: Das Meer der Weisheit, Stuttgart 2001, S. 56: »Die überaus komplexen Rituale der Kalachakra-Einweihung sind der Erleuchtung aller Wesen gewidmet, dem Frieden und dem physischen Gleichgewicht jedes Einzelnen und des Weltganzen.«
127 relinfo, Homepage: http://relinfo.ch/gelugpa/trimondi.html
128 Helmut von Glasenapp: Buddhistische Mysterien, Stuttgart 1940, S. 72.
129 Z. B. von Glasenapp: Mysterien, S. 75, 76, 155, 174 usw.
130 Von Glasenapp: Mysterien, S. 146.
131 Von Glasenapp: Mysterien, S. 113, 160, 161ff., 168.
132 Von Glasenapp: Mysterien, S. 139.
133 Man beachte die Sprache!
134 Man beachte die Sprache!
135 Helmut von Glasenapp: Die fünf Weltreligionen, Sonderauflage, München 1996, S.136ff.
136 Junge Campbell: Göttinnen, Dakinis und ganz normale Frauen. Weibliche Identität im tibetischen Tantra, Berlin 1997.
137 Campbell: Göttinnen, S. 176.
138 Campbell: Göttinnen, S. 84.
139 Mircea Eliade: Yoga. Unsterblichkeit und Freiheit, Zürich/Stuttgart 1960, S. 213f.
140 Martin Brauen: Das Mandala – Der Heilige Kreis im tantrischen Buddhismus, Köln 1992, S. 119.
141 Gen Lamrimpa: Kalachakra – Die drei Zyklen der Zeit, München, 2002, S. 264.
142 Auch das ist aufschlussreich: eine vornehmlich Furcht einflößende Weiblichkeit wird bevorzugt (siehe Kapitel »Dakini«).
143 Eine Umschreibung des Umstandes, dass ja gerade alte Frauen für Tantra-Meister einen besonderen symbolischen Stellenwert haben (Gesetz der Umkehr).
144 Lamrimpa: Kalachakra, S. 146.
145 Lamrimpa: Kalachakra, S. 149.
146 Lamrimpa: Kalachakra, S. 210ff.
147 Lamrimpa: Kalachakra, S. 78ff.
148 Lamrimpa: Kalachakra, S. 75.
149 Lamrimpa: Kalachakra, S. 284.
150 Lamrimpa: Kalachakra, S. 246ff.

151 Lamrimpa: Kalachakra, S. 248ff.
152 Colin Goldner: Dalai Lama. Fall eines Gottkönigs, Aschaffenburg 1999.
153 Goldner: Dalai Lama, S. 151ff.
154 Goldner: Dalai Lama, S. 160ff.
155 Goldner: Dalai Lama, S. 165.
156 Goldner: Dalai Lama, S. 164.
157 Goldner: Dalai Lama, S. 162.
158 Goldner: Dalai Lama, S. 136.
159 Goldner: Dalai Lama, S. 166.
160 Goldner: Dalai Lama, S. 400.
161 Goldner: Dalai Lama, S. 213ff.
162 Jeffrey Hopkins: »Tibetische Klosterkollegien. Die Spannung zwischen Rationalität und Gruppenzwang«. In: Kunst- und Ausstellungshalle der Bundesrepublik Deutschland in Zusammenarbeit mit Thierry Dodin und Heinz Räther (Hg.): Mythos Tibet. Wahrnehmungen, Projektionen, Phantasien, Köln 1997, S. 257ff.
163 Gerhardt W. Schuster: Das Alte Tibet – Geheimnisse und Mysterien. St. Pölten/Wien/Linz 2000 und Frankfurt 2002.
164 Lama Anagarika Govinda: Der Weg der weißen Wolken. Erlebnisse eines buddhistischen Pilgers in Tibet, O. W. Barth Paperback Ausgabe, Bern/München/Wien 2000, S. 72ff.
165 Govinda: Weg, S. 271.
166 Z. B. im Kapitel »Das Orakel von Dungkar Gompa«. In relativ neuester Zeit wurde das Nechung-Orakel eindrücklich beschrieben von Manuel Bauer (Manuel Bauer: »Tibetisches Staatsorakel. Eine Fotoreportage über das Neujahrsorakel (Losar Tsechu Sabsöl)«, in: Museum Rietberg (Hg.): Orakel, Zürich 1999, S. 110ff).
Kann das stimmen? Sehr gut! Ja! Der Fotoreport stammt von Manuel Bauer, 1999. Titel: Tibetisches Staatsorakel. 1999. Es ist tatsächlich eine Publikation vom Museum Rietberg.
167 Govinda: Weg, S. 276.
168 »Tamas« ist in der indischen Philosophie und im Hinduismus eine der drei Eigenschaften der feinstofflichen Materie. Tamas ist die Dunkelheit und die Trägheit (Anm. d. Verl.).
169 »Adam, Enoch and Abraham; there are also five others endowed with tamas in the familiy of demonic snakes: Moses, Jesus, the White-Clad One, Muhamad, and Mathani, who is the eight – he will belong to the darkness. The seventh will clearly be born in the city of Baghdad in the land of Mecca, where the mighty, merciless idol of the barbarians, the demonic incarnation, lies in the world« (John Ronald Newman: The Outer Wheel Of Time, University of Wisconsin, Madison 1987).
170 http://static.wikipedia.org/new/wikipedia/en/articles/k/i/n/Kings_of_Shambhala…4547.html 27. Juni 2008.
171 »Raudra Chakrin, or Rudrin Chakrin (Tib. Trakpo Chakkhorchen) (2327 to?) Forceful Wheel Holder. The Kalika king prophesied to appear to humans all over the world in 2424 to defeat the degenerate world rulers, establishing a planet-wide Golden Age. He is the last king prophesied in the Kalachakra«

(http://static.wikipedia.org/new/wikipedia/en/articles/k/i/n/Kings_of_Shambhala_4547.html, 27. Juni 2008.

172 Womit natürlich insbesondere der buddhistische Weg gemeint ist.

173 »There are various, what are described as ›savage hoards‹, who come and try to destroy civilisation and all opportunities for people to follow spiritual paths. Some examples are the invasions from central Asia to India, wiping out the possibilities for practising Hinduism and Buddhism; the Mongols and the Muslims etc. There is a prediction in the Kalachakra that there will be likewise a great invasion and a great war in the future. This war will take place in 2424. This is not the type of war that will destroy the planet, but it will probably be a pretty bad war. But at that time, the King of Shambhala will come as the good guy; the bad guys loose and the so called Golden Age is established. […] In order to be reborn in Shambhala, many Tibetans make prayers like the one by the 6th Panchen Lama.« (www.geocities.com/rudyh01/kchistory.html, 4. Oktober 2001).

174 »His Holiness the Dalai Lama has commented that due to instant communication and transportation of our time, our community includes the entire planet. Because of this, statements like ›Kalachakra for World Peace‹ appear quite appropriate« (http://members.fortunecity.com/kalachakra1/kcalternative.html, 27. Juni 2008).

175 »The Kingdom of Shambhala takes a central place in the Kalachakra teachings. […] In a few centuries from now it is predicted that a spiritual revival of the world will come from Shambhala« (http://kalachakranet.org/kalachakra_tantra_shambhala.html, 27. Juni 2008).

176 »When His Holiness the Dalai Lama gives the initiation to Westerners, he generally does not commit them to do the specific ›Kalachakra Six-Session Guru Yoga‹, although the commitment to do this relatively long practice at least once daily is often given to Tibetans« (http://members.fortunecity.com/kalachakra1/kcalternative.html, 27. Juni 2008).

177 »… it seems inappropriate to explain the actual practices here« (http://members.fortunecity.com/kalachakra1/kcalternative.html, 27. Juni 2008).

178 »Immutable Bliss«

179 »The ›dull‹ student needs a karmamudra first, lacking the meditation power to direct the vital substances to the tip of the jewel, and to create the ›falling bliss‹. […] The other two types of students first need a karma or jnaana-mudra before they finally proceed to the mahamudra to generate the immutable bliss.« (www. geocities.com/Athens/Atlantis/8185/kcalternative.html, 9. 0. 2001.)

180 Tilman Spengler: »Seelenwanderung. Im Pilgerzug zum großen Fest des Dalai Lama«, Geo Nr. 5, Mai 1986, S. 116

181 Toni Huber: »Shangri-La im Exil. Darstellung tibetischer Identität und transnationale Kultur«. In: Mythos Tibet, S. 300.

182 Huber: Shangri-La, S. 310.

183 Zitiert in: Rolf Höneisen: »Schwarzbuch des Buddhismus«, factum 9/2000, S. 12.

184 »The Tantric texts of both Buddhism and Hinduism speak about the importance of sex acts in the higher levels of tantric initiation. Generally, Buddhist scholars say that there is not a sensual act as so readily perceived by Westerners, but a means to achieve enlightenment. Often this act is explained as purely figurative,

but in some cases it does take place. I know the case of one young man who fled a monastery when he was required to have sex with an old woman. After he left the monks performed rituals to cleanse the monastery of the evil he had brought.« (Aus einem Brief von Dr. David Burnett. Er ist Fakultätsleiter am All Nations College und Fellow of the Royal Anthropological Institute in England.)

185 Martin und Elke Kamphuis: Ich war Buddhist, 4. Auflage, Basel 2002.

186 So schreibt der Dalai Lama im Bändchen »Das Meer der Weisheit«, Berlin 2002, S. 15: »Güte ist meine wahre Religion.« Und im Basler Münster sagte er anlässlich der Eröffnungsfeier zur Tibet-Ausstellung: »Wir alle tragen die Verantwortung für eine bessere Welt.« So solle sich auch jeder Mensch in seinem persönlichen Bereich für das Leben, die Menschenrechte und ein friedliches Nebeneinander der Religionen einsetzen.

187 »Tibet: Götter – Heilige – Buddhas«, Ausstellungskatalog, S. 142.

188 Wangpo Tethong: »Ein Mausklick vom Nirvana entfernt«. In: Ausstellungskatalog »Tibet: Buddhas – Götter – Heilige«, S. 16ff.

189 Dalai Lama: Kalachakra Tantra, hg. v. Jeffrey Hopkins, Berlin, 2002.

190 Poul Pedersen: Tibet, die Theosophie und die Psychologisierung des Buddhismus. In: Mythos Tibet, S. 170ff.

191 Namen und Adressen sind aber nach besonderer Absprache beim Autor erhältlich.

192 Jeffrey Hopkins (Hg.): Kalachakra Tantra. Seine Heiligkeit der Dalai Lama, Stuttgart 2002, S. 372 .

193 Hopkins: Kalachakra Tantra, S. 373.

194 Hopkins: Kalachakra Tantra, S. 374.

195 Hopkins: Kalachakra Tantra, S. 376.

196 Der Bovis-Wert ist in der Radiästhesie (der Lehre von sogenannten Strahlenwirkungen auf Organismen) eine Messeinheit, mit der man die Lebensenergie von Substanzen, von Organismen und Örtlichkeiten misst (Anm. d. Verl.).

197 Vgl. Straßenkarte zu »Orte der Kraft in der Schweiz«, AT Verlag, CH-Baden.

198 Gyetrul Jigme Rinpoche, »Geschichte der großen Stupa«, zitiert aus einem Referat, gehalten am 20./21. 1999 in Trogen, Schweiz, Padma Ling. Als Kassette erhältlich.

199 Ebd.

200 Ursache & Wirkung, Nr. 38, 2001, S. 7

201 Thomas Waldmann: »Die großartige Erzählfreude eines religiösen Kunstwillens«, Basler Zeitung, 7. Mai 2001.

202 Clara B. Wilpert (Hg.): »Tibet. Buddhas, Götter, Heilige«, Museum der Kulturen Basel, München 2001, S. 7

203 David Wohnlich: »Geister des Jenseits erlaubten ein sinnliches Fest«, Basler Zeitung, vom 9. 10. 2001.

204 »Basel trifft den Dalai Lama in Respekt und Liebe«, Basler Zeitung, 9.10.2001.

Wie es seither weiterging – eine Art Epilog

205 »The Kalachakra Tantra is very much related to the Kingdom of Shambhala in the North. [...] My own feeling is that Shambhala does exist, otherwise it would

be difficult to accept the statement that Shakyamuni Buddha taught the Kalachakra Tantra and that subsequently there have been seven dharma kings and 21 lineage holders. […] as I understand it the Kulika Pundarika or Pema Karpo is the same as His Holiness the Dalai Lama now. My companion told me that the last Kulika will be called Rudra with a Wheel, ›the powerful and ferocious king who holds an iron wheel in his hand‹ is what his name literally means, and he will be none other than His Holiness the Dalai Lama, who will subdue everything in the universe. […] I asked her how he would overcome powerful modern weapons with bows and arrows. She told me not to worry about that because, due to the power of karma, whatever destructive weapons we produce in this world appropriate counter-agents will automatically come into existence in the Kingdom of Shambhala. She said, ›The weapons you create in your world are created out of experiment with different kinds of materials, but the anti-missile systems of Shambhala have the nature of exalted wisdom and are much more powerful‹.« (1991 in New York, nachzulesen unter http://www.kalachakra.com/home/content/myth.html).

206 In einem Brief vom 5.9.2002 an die Kritiker.

207 Alexander Berzin: »Holy Wars in Buddhism and Islam: The Myth of Shambhala«, http://www.berzinarchives.com/web/en/archives/study/islam/kalachakra_islam/ holy_wars_buddhism_islam_myth_shamb/holy_war_buddhism_islam_shambhala_long.html, 3. Juli 2008.

208 »But one must not be rosy-eyed about Buddhism and think that it has been immune to this phenomenon« (http://www.berzinarchives.com/web/en/archives/study/islam/kalachakra_islam/holy_wars_buddhism_islam_myth_shamb/holy_ war_buddhism_islam_shambhala_long.html, 3. Juli 2008).

209 Nexus Magazin, Nr. 1. 2005, S. 35.

210 »Then, in brutal mountain warfare around Kargil, the Kashmiri militants clashed with the Indian Army's Ladakh Scouts, a 4000-man paramilitary unit of Buddhists and Tibetan commandos. Just as the fighting erupted at Kargil, the Dalai Lama happened to be visiting the Jivay Tsal, his palatial residence near Choklamsar, the sprawling Tibetan refugee camp outside Leh. Tibetan monks and school teachers interviewed at the camp said the Tibetan spiritual leader gave his personal blessing to the Buddhist soldiers of the Ladakh Scouts. Indian press accounts also mentioned the Dalai Lama's supportive role.«

211 In einem Gutachten vom 16. September 2002, das vom evangelischen Kirchenrat in Auftrag gegeben und sogleich in ganz Österreich verbreitet wurde.

212 Max Deeg: Stellungnahme zu Dalai-Lama/Kalachakra-Tantra/Bücher »Im Schatten des Dalai Lama …« und »Hitler, Buddha, Krishna. Eine unheilige Allianz …«, 2002.

213 Fax vom 7.10.2002.

214 In einer E-Mail an den Autor vom 19. September 2002.

215 Chödzong im September 2002.

216 Peter Riedl: »Weisheit, Liebe, Gelassenheit oder: Wie die Dinge wirklich sind«, Der Standard, 9. September, 2002.

217 Ursache & Wirkung, 4/2000, Nr. 34, S. 3.

218 Ursache & Wirkung, 4/2000, Nr. 34, S. 46ff.

219 Ursache & Wirkung, 4/2000, Nr. 34, S. 56.

220 Materialdienst Zeitschrift für Religions- und Weltanschauungsfragen Berlin, 2/2003.
221 In einem Brief an den Autor vom 1. März 2002.
222 Peter Grieder: Buddhismus – eine atheistische Religion? Ost und West im Zwiegespräch, 5. Erweiterte Auflage, Zürich 1989, S. 25.
223 Keith Dowman: Geheimes, heiliges Tibet. Ein Führer zu den Mysterien des verbotenen Landes, Bergisch Gladbach 2001, S. 158ff.
224 Name und Adresse des ehemaligen Saddhus sind dem Autor bekannt.
225 In einem Interview mit dem Autor am 21. Februar 2004.
226 Buchrezension von Georg Schmid, 1999, Informationsbeauftragter für Religion und Sekten der reformierten Kirche Zürich, in einem Brief an den Autor.
227 Jürgen Fischer: Buddhistische Meister und westliche Schüler, www.orgon.de.
228 Name und Adresse der Betroffenen sind dem Autor bekannt.
229 Name und Adresse der Betroffenen sind dem Autor bekannt.
230 »I am a victim of some serious abuse: emotional, sexual and ›black magic‹« (http: //groups.yahoo.com/group/victimsofBuddhistTeachers, 1. August 2003).
231 Ingrid Pema Leicht aus der Steiermark in einer Mail an die Trimondis.
232 »I suggest the Lama's compassion is not for his partner but for himself and it amounts to a form of vampirism as the woman's spiritual energy is sucked out of her. She has trusted the Lama to take her with him beyond boundaries, but she discovers she is being utilized for her sex and can easily be discarded whenever he wishes without any sense of loyalty towards her or care for her well-being.« (In einer Mail an die Trimondis.)
233 »Also, as I conversed with various monks and lamas and read some of the tantras (without being ›empowered‹ to do so), it became clear that they were using sex in, as you put it, a very ›soulless‹ way. I experienced a lot of open contempt, especially when I showed any kind of genuine human warmth or kindness.
I also believe there was a lot of mind-control occuring there, which utilized post-hypnotic suggestion. I saw various displays of telepathy, which were clearly meant to awe me in subservience, as well as some simple stage-magic deceptions applied to the same purpose. The longer I stayed with the cult, the more freely abusive senior members became, and the more intimidation and fear I witnessed.« (Name und Adresse der Frau sind dem Autor bekannt.)
234 »Those women that were ›used‹ in tantric sexual experiences with monks do it out of own free will believing that they receive a road to enlightenment and reward in the next life by doing it. Young boys for the same reason as the above quote ist proving. It is not so much ritual sex in a meeting or open place but privately. It is all done under the promises of auspicious moments and reward and merit for the next life.« (In einem Brief an den Autor.)
235 Name und Adresse des Betroffenen sind dem Autor bekannt.
236 In einem Brief an den Autor.
237 Egbert Asshauer: Tulkus – Das Geheimnis der lebenden Buddhas. Gespräche, Begegnungen, Hintergründe. Freiburg/Basel/Wien 2000, S. 163.
238 Zischtigsclub, TV DRS, 16. August 2006.
239 http://www.iivs.de/iivs01311/Kalachakra/deba.02.htm.
240 »So one day, if the Dalai Lama becomes a mass murderer, he will become the most deadly of mass murderers« (Amithab Pal: »The Dalai Lama Interview«, »The Progressive«, January Issue 2006.).

241 Tagesanzeiger vom 21.9.2007.
242 http://www.focus.de/panorama/welt/china_aid_107248.html, 3. Juli 2008.
243 Nils Minkmar: »Mit Seiner Heiligkeit auf Tournee. Dalai sein ist alles.« Frankfurter Allgemeine Zeitung. 17. Mai 2008.
244 http://www.wdr.de/themen/kultur/personen/dalai_lama/080516b.jhtml#sw01, 3. Juli 2008.
245 Slavoj Žižeck: »Kein Shangri-La«, Das Magazin 20-2008, S. 12f.
246 Hugo Stamm, Analyse: »Der unkritische Umgang mit dem Dalai Lama«, Tagesanzeiger, 29. Juli 2005.

Interview mit Colin Goldner

247 Gemeint ist die Ausstellung: »Geheimnisvolle Welt des Tibets« von 2001.